U0461704

在线旅游产品
订购意愿
影响因素 研究

赵琴琴·著

 经济管理出版社
ECONOMY & MANAGEMENT PUBLISHING HOUSE

图书在版编目（CIP）数据

在线旅游产品订购意愿影响因素研究/赵琴琴著.—北京：经济管理出版社，2023.8
ISBN 978-7-5096-9175-5

Ⅰ.①在…　Ⅱ.①赵…　Ⅲ.①旅游产品—网络营销—购买行为—影响因素—研究
Ⅳ.①F713.55

中国国家版本馆 CIP 数据核字（2023）第 158679 号

组稿编辑：张馨予
责任编辑：张馨予
责任印制：黄章平
责任校对：蔡晓臻

出版发行：经济管理出版社
　　　　　（北京市海淀区北蜂窝 8 号中雅大厦 A 座 11 层　100038）
网　　　址：www.E-mp.com.cn
电　　　话：(010) 51915602
印　　　刷：唐山玺诚印务有限公司
经　　　销：新华书店
开　　　本：720mm×1000mm/16
印　　　张：14.25
字　　　数：202 千字
版　　　次：2023 年 8 月第 1 版　　2023 年 8 月第 1 次印刷
书　　　号：ISBN 978-7-5096-9175-5
定　　　价：88.00 元

前　言

在线旅游即依托互联网平台和数字化手段为终端消费者提供出游产品及服务的业态，包括在线出行票务预订、在线住宿预订、在线度假产品和服务预订等，是互联网和旅游业双向融合下的产物。随着移动互联网和以 5G 为代表的通信技术的普及，在线旅游依靠其方便、快捷的优势，越发受到游客青睐，更多的人选择在网络上选择自己心仪的旅游产品。在线旅游企业和平台的数量不断增多，既方便了广大人民群众出游，也促进了旅游消费，是旅游产业升级和旅游消费激发的新引擎。2023 年 3 月文化和旅游部发布《关于推动在线旅游市场高质量发展的意见》（以下简称《意见》），要求进一步加强在线旅游市场管理，保障旅游者合法权益，发挥在线旅游平台经营者整合交通、住宿、餐饮、游览、娱乐等旅游要素资源的积极作用，促进各类旅游经营者共享发展红利，推动旅游业高质量发展。《意见》明确指出，要积极发挥在线旅游的枢纽和引领作用，推进整个旅游行业的数字化管理；将鼓励探索平台经营旅游预售业务、强调在线旅游平台经营者依法经营旅游产品预售业务、督促在线旅游经营者切实履行旅游产品的退改义务等作为工作重点。

那么，目前作为产业升级和消费升级的在线旅游产品订购，消费者在做决策时会考虑哪些主要因素？本书将通过深度访谈探索性研究在线旅游产品订购意愿影响因素，并根据探索性研究结果，从商家的产品介绍、消费者的在线评论、促销策略和退订政策四个方面展开实证研究，探讨在线旅游产品订购意愿影响因素及作用机理。

本书共分为七章。第一章是绪论。本章交代本书的研究背景、国内外研究现状、研究意义、主要研究内容、研究的思路与方法，对本书做一个总体的介绍。第二章是变量与相关理论研究。本章通过对产品介绍中的产品介绍详尽度、产品介绍认知流畅度、客服回复满意度的内涵界定及相关研究；在线评论中评论数量、评论质量、评论雷同程度、差评与产品功能相关度、问答回复质量的内涵界定及相关研究；促销策略中促销购买限制、促销方式、促销社交情境叙述的内涵界定及相关研究；在线旅游产品退订政策及在线旅游产品退订影响因素相关研究；消费者心理感知相关研究等方面的文献进行了整理和回顾，总结目前的实证研究现状，对现有文献中相关研究理论、前沿和重点问题、方法等进行评价，明确本书的切入点，为后续研究提供了理论依据。第三章是在线旅游产品订购意愿影响因素探索性研究。本章运用内容分析法，利用 Nvivo 11.0 软件，以与在线订购旅游产品消费者深度访谈的文本作为资料来源，对在线订购旅游产品影响因素进行探索性研究，为研究假设的提出和理论模型的构建奠定基础。第四章是产品介绍研究。本章基于 S-O-R 理论、精细加工可能性模型，探讨产品介绍详尽度、产品介绍认知流畅度、客服回复满意度对订购意愿的影响及作用机理，为合理进行产品介绍提供方法指导。第五章是在线评论研究。本章根据技术接受模型，探讨评论数量、评论质量、评论雷同程度、差评与产品功能相关度和问答回复质量对订购意愿的影响及作用机理，为合理引导在线评论提供方法指导。第六章是促销策略研究。本章根据框架效应理论，考察社交情境叙述、促销方式、促销购买限制三类因素交互下对消费者订购意愿的影响差异，选择最优的促销策略组合，并分析其作用机理，为合理制定促销策略提供方法指导。第七章是退订政策研究。本章研究了在线旅游产品退订政策作用流程以及退订政策对在线旅游产品订购意愿的影响，为合理制定退订政策提供方法指导。

本书系统探讨了在线旅游产品订购意愿影响因素及作用机理，丰富了相关理论研究，并根据研究结论提出决策依据和管理建议，有利于旅游业依托互联网平台和数字化手段为终端消费者提供更好的旅游产品及服务，积极发挥在线旅游的枢纽和引领作用，推进整个旅游行业的数字化管理，推动旅游产业升级和激发旅游消费活力，促进在线旅游市场高质量发展。

目　录

第一章 绪论

第一节 研究背景

在线旅游即依托互联网平台和数字化手段为终端消费者提供出游产品及服务的业态，包括在线出行票务预订、在线住宿预订、在线度假产品和服务预订等，是互联网和旅游业双向融合下的产物。随着移动互联网和以 5G 为代表的通信技术的普及，在线旅游依靠其方便、快捷的优势，越发受到游客青睐，更多消费者选择在网络上选择自己心仪的旅游产品。我国旅游行业消费在不断升级的过程中，旅游消费代理模式逐步被线上平台模式取代，在线旅游占领了更为广阔的市场空间。资料显示，我国在线旅游市场规模稳步增长，2021 年全年交易规模突破 1 万亿元，用户规模突破 4 亿人[①]，并且随着新冠肺炎疫情防控逐渐取得成效，国内旅游业渐趋回暖，线上渠道渗透率逐渐提升，在线旅游市场也迎来扩容，以在线出行这一细分赛道为例，2021 年我国机票和火车票

---

① 2022 年在线旅游行业发展趋势及市场份额分析［EB/OL］. https：//www.chinairn.com/scfx/20220822/114522599.shtml.

的在线化率为89%和80%，相较2017年分别上升了14.1和6.1个百分点①；文旅部官方信息显示，2023年五一节假期，全国国内旅游出游合计2.74亿人次，同比增长70.83%，按可比口径恢复至2019年同期的119.09%；实现国内旅游收入1480.56亿元，同比增长128.90%，按可比口径恢复至2019年同期的100.66%，文化和旅游行业复苏势头强劲②。从市场规模的发展趋势来看，预计至2026年中国在线旅游行业市场规模将突破2万亿元。总体来看，我国在线旅游行业发展势头向好，且仍有广阔的发展空间。

在线旅游企业和平台的数量不断增多，既方便了广大人民群众出游，也促进了旅游消费，是旅游产业升级和旅游消费激发的"新引擎"。2023年3月，文化和旅游部发布《关于推动在线旅游市场高质量发展的意见》，要求进一步加强在线旅游市场管理，保障旅游者合法权益，发挥在线旅游平台经营者整合交通、住宿、餐饮、游览、娱乐等旅游要素资源的积极作用，促进各类旅游经营者共享发展红利，推动旅游业高质量发展。《意见》明确指出，要积极发挥在线旅游的枢纽和引领作用，推进整个旅游行业的数字化管理；将鼓励探索平台经营旅游预售业务、强调在线旅游平台经营者依法经营旅游产品预售业务、督促在线旅游经营者切实履行旅游产品的退改义务等作为工作重点。

那么，作为产业升级和消费升级的在线旅游产品订购，消费者在做决策时会考虑哪些主要因素？本书通过深度访谈探索性研究在线旅游产品订购意愿影响因素，并根据探索性研究结果，从商家的产品介绍、消费者的在线评论、促销策略和退订政策四个方面展开实证研究，探讨在线旅游产品订购意愿影响因素及作用机理。

---

① 2022年中国在线旅游行业洞察报告 ［EB/OL］. https：//new. qq. com/rain/a/20221129A00SAP00.

② 2023年"五一"假期国内旅游出游2.74亿人次 ［EB/OL］. http：//www. rmzxb. com. cn/c/2023－05－04/3338578. shtml.

第二节 国内外研究现状

一、在线旅游产品概述

1. 在线旅游产品的界定

在线旅游产品是以在线旅游公司向旅游者提供机票、酒店、旅游路线、景区门票等旅游消费品为主，涉及食、住、行、游、购、娱等多方面旅游资讯与服务的综合体。这其中主要包含三个方面：一是旅游信息的在线汇集、检索、传播与导航，包括旅游景点及周边交通旅游路线、旅游常识等；二是旅游产品与服务的在线销售，包括旅游景点门票、交通票务与服务（航空、饭店、游船、汽车租赁）以及与旅游相关的产品及服务等；三是个性化定制服务，也就是根据旅游用户需求或景点特质组合定制的旅游产品，包括景区套票、个性化旅游路线等。

2. 在线旅游的发展

在网络信息从 PB、EB 累积到 ZB 级别的大数据时代，各个行业都认识到利用互联网模式代替传统模式、将线下业务与线上结合的必要性，在此背景下，在线旅游高速发展也是大势所趋。

1999 年，携程网的成立，开启了我国在线旅游产品服务的新局面。2000 年 6 月，青旅在线的诞生，标志着我国的在线旅游进入了"鼠标+水泥"的阶段。2001 年 1 月 11 日，国家旅游局开启了"金旅工程"，推动信息化发展和信息技术在旅游行业的全面应用。2003 年 1 月，国家旅游局、全国电子信息系统推广办公室下发了《关于在优秀旅游城市建立并推广使用"旅游目的地营销系统"的通知》，预示着旅游目的地信息系统之后的旅游目的地营销系统成为旅游网站发展新趋势。经过多年的发展，在线旅游基本客户群以高端商务人士等消费能力强的人群逐渐发展为休闲散客为主，使在线旅游市场发展速度显得异常可观。根据未来智库发布的中国在线旅游月活用户规模（见图1-1）来看，国内在线旅游经历了一段时间的高速发展，在2020年经历新冠肺炎疫情重创后，展现了较强的恢复动力，在线旅游渗透率也再创新高[①]。

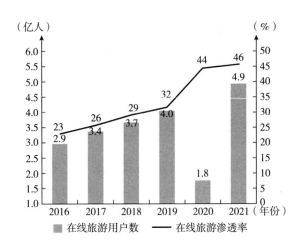

图1-1　中国在线旅游月活用户规模

国内在线住宿预订市场规模及增速如图1-2所示。从2015年开始，国内在线住宿预订发展稳定，到2019年实现了2992亿元的交易额，即使2020年受到新冠肺炎疫情影响，也在2021年实现了"V"字形回升，增长率超过了过去4年。

3. 在线旅游产品的特征

在线旅游产品具有旅游产品基本特性。在线旅游产品通过互联网实现票务及服务预订，从这个意义上讲，在线旅游产品属于信息产品范畴，既有网络信

_____

① 未来智库：在线旅游 OTA 行业深度研究：下沉市场空间扩容，错位竞争龙头共生［EB/OL］. https：//baijiahao. baidu. com/s？id＝1745083177793998035&wfr＝spider&for＝pc，2022－09－27.

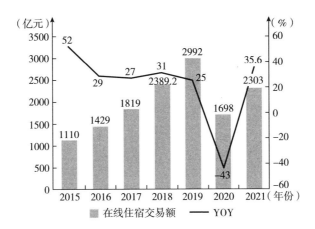

图 1-2 中国在线住宿预订市场规模及增速

息服务产品的功能，又具有旅游服务产品的基本特性。这种特性体现在在线旅游产品通过旅游景点及交通设施等吸引物，向旅游用户提供满足其需求的全部服务，服务作为无形产品，具有无形性和不可储藏性，其生产与消费同时发生于服务过程，旅游用户来到旅游目的地，在线旅游产品的生产与消费便发生了，在这一过程中，在线旅游产品不能流动，又具有不可转移性。

网站是在线旅游产品的载体。在线旅游产品以网站为载体，发布产品的信息并及时更新或进行延伸扩展，尤其是产品的最新动态、相关的重大活动以及客户服务等信息。双向、交互、无限、多媒体的网络，给在线旅游产品提供了广阔的发展空间。通常，电子邮件连接、电子公告板、网络社区、网上论坛、邮件列表、网上调查、网上呼叫服务、客户购物专区等在线旅游网站功能的设置，为在线旅游产品的推广提供了重要推动力量。

个性化定制是在线旅游产品的内在要求。相对于传统大众旅游时期的"我要参加旅游"而言，网络信息时代的在线旅游提倡"参与、体验、满足个性需要的旅游经历"，主动积极参与、要求和享受高质量在线旅游产品与服务，同时还可能参与到在线旅游产品的设计中。通过在线的交流、互动、评论、建议等方式，旅游用户的这类个性化定制要求可以反映给旅游提供商，并得到及时有效的沟通、解决与满足，这也是随着消费水平的提高、旅游需求高质量发展的必然结果。

人机界面是实现在线旅游产品交易的途径。人机界面就是人与机器进行信息传递的交互面，人通过接收来自机器的信息，加工决策，做出反应，操作实现。不可或缺的是人、软件和网站。相对于电脑作为人机界面的实现载体而言，随着智能手机的普及与更新换代，越来越多的用户用手机客户端替代了电脑端。在无线网络以及运营商网络普及的今天，移动客户端使用方便、操作简单，使得当前移动旅游地位升级，移动趋势侵入互联网方方面面，"得移动市场者得天下"似乎得到在线旅游业内共识，移动旅游市场被看好，多家旅游APP获得投资。大型在线旅游分销企业加大移动端投入，移动端销售情况表现良好。例如，航班管家旗下快捷酒店管家，接受携程网战略投资；今夜酒店特价与 IDG 资本牵手成功；面包旅行宣布获得宽带资本的投资；携程网、艺龙网分别宣布战略转移，移动端占比均有不同幅度增长；同程网与中信银行合作获得授信额度用来扩张无线市场。移动旅游在行业的地位在快速升级，已成为旅游预订的核心渠道。

4. 在线旅游产品分类

按产品消费类型分类，在线旅游产品可分为订房服务、订票服务、旅游景点票务服务。订房服务由在线旅游网站发布酒店的客房信息，包括酒店的星级、酒店的位置、酒店的联系方式、酒店的规模、酒店的设施与服务、酒店的客房规格与价格以及折扣等。订票服务由在线旅游网站发布旅游景点相关的机票、火车票及汽车票等路线票务信息。发布航空路线及公司的机票信息，包括航班班次、票价、折扣、所属航空公司信息、机型和提供服务等；发布火车票信息，包括火车与动车车次、票价、路线和剩余票数等；发布汽车票信息，包括车次、票价、路线等。旅游景点票务服务由在线旅游网站发布景点门票和景区旅游路线，尤其是景点推出的套票、折扣促销等信息。以上服务均由在线旅游用户通过注册会员身份等方式登录网站进行查询及预订，通过在线支付费用。

按市场类型分类，在线旅游产品可分为休闲旅游和商务旅游。休闲就是自由的没有压力的状态，休闲旅游是人从满足基本的生活需要转向对精神层次的向往和追求，是我国经济体制转变过程中传统的生产—消费模式转向消费—生产模式的具体表征，标志着人们生活水平的提升。休闲旅游是积极的休闲，通过旅游获取新知、愉悦情绪、放松身心，强调休闲性、长时间停留以及追求高质量服务。商务旅游相对于休闲旅游而言，旅游用户的出行处于工作需要而非满足个人精神追求，包括公务出差、会议旅游、客户款待旅游、企业团队旅游、奖励性质的旅游等多种形式，通常听从安排，具有一定的非自由性。商务旅游是旅游市场的重要组成部分，也是在线旅游产品消费的重要客户群。

二、在线订购意愿影响因素相关研究

Kourtesopoulou 等（2019）关于感知质量对客户整体满意度和在线旅行社服务购买意愿的影响进行调查研究。研究显示整体感知质量与购买意愿之间存在正相关关系，在所有质量因素中，易理解性、响应时间和网站直观操作（易用性和导航性）是最重要的，互联网用户每年在线预订的支出、预订的原因和访问网站的原因也会影响感知质量，进而影响购买意愿。Pereira 等（2016）在电子商务的背景下，构建了四个在线购买决定因素（网站形象、常规、网站知识和创新性）通过网络客户满意度影响客户忠诚度的结构方程模型。发现在三个网络购买决定因素（网站形象、网络惯例和网站知识）与网络客户忠诚度的关系中，网络客户满意度具有完全中介作用。Rezaei 等（2016）探讨了网站个性、功利性网络浏览、享乐性网络浏览和旅游产品网上冲动购买之间的关系。研究结果表明网站个性包括可靠、热情、真实、成熟和不愉快。网站个性对功利性网络浏览、享乐性网络浏览和网络冲动性购买有正向影响；享乐型网络浏览和功利型网络浏览都对网上冲动购买产生积极影响。Suryawardani 等（2021）通过对 400 名受访者的调查发现，网站质量、网站个性和促销活动会影响冲动的网上购物，而且网站质量、网站个性和网上冲动购买会对电子满意度产生影响，研究结果指出在线旅行社应更多地关注和提高网站质量、网站个性，并将在线冲动购买作为网络满意度的预测指标。Pereira等（2017）使用结构方程模型对3188名普通在线消费者进行了分析，证实了网站形象、在线惯性和知识对网络客户满意度有显著影响，性别在网站知识对网络满意度的影响中起调节作用。Tseng（2017）通过2×2的实验设计调查提供的购买后信息（卖家评分）怎样来提高后悔（如高度后悔的倾向）游客的网络满意度，以减少在高度不确定性回避背景下（如中国台湾地区）购买后的认知失调。结果显示后悔型人格对网络满意的影响完全是通过购买后的认知失调来调节的，有效卖家的评分对提高遗憾的游客网络满意度有正向显著的影响。Abendroth（2011）尝试对零售网站影响游客购买纪念品的意图进行解释，发现无论物品类型如何，购买限制都会通过提升纪念品的纪念价值来增加购买意愿。

San-Martin等（2020）考察了与旅游相关的经济、社会、物理和技术属性以及个人特征（如焦虑、风险感知和在线预订旅行的体验）对在线购买意愿和电子口碑（e-WOM）所起作用的影响，认为旅游焦虑、风险和体验的价值观对在线购买意愿和电子口碑产生了积极影响，且证实了使用情境（台式电脑与智能手机/平板电脑）的调节效应。Chiu（2009）探讨了旅游服务背景下关系质量和在线购买意愿的形成机制，构建了感知激励、感知服务质量、感知购买便利性和感知有用性通过关系质量的中介影响客户在线购买意愿的概念模型。Hamdan和Yuliantini（2021）采用了探索性和描述性定量研究相结合的方法，对消费者网上购买旅游套餐的行为进行了研究。构建了一个在线旅行团购买行为模型，探讨了评论评级、风险感知、信任和购买意愿等感知方面的影响。实证结果证实了评级审查对信任和风险感知的显著影响，风险认知对信任和购买意愿有负面影响，信任对购买意愿有积极影响。Nunkoo和Ramkissoon（2013）研究发现旅行者感知有用性、信任和感知风险是电子购买态度的决定因素，并且会显著影响电子购买意愿。同时感知易用性对感知有用性和信任产生正向影响，而后者对风险感知产生负面影响。Razak 等（2014）通过问卷调查收集马来西亚消费者对于在线旅游服务的信任和再购意向的数据，并采用结构方程模型研究发现消费者的网络信任中善心、诚信和能力 3 个维度都对再购意向产生了显著正向影响。还有学者将价值感知、感知安全和隐私作为网络购买意向的前因变量，以信任作为中介变量构建结构方程模型，证实了网络购买意愿主要取决于价值感知和信任（Ponte et al.，2015）。Sadiq 等（2022）研究探讨了旅行者对在线旅游购买的态度、意图和行为之间的关系，将主观规范、风险感知、信任作为调节变量构建模型。研究表明主观规范对在线旅游购买态度意向有正向调节作用。此外，信任也是影响态度、购买意愿和风险感知的重要因素。还有学者研究了旅游在线购买行为的前因，考查服务质量、价值感知和忠诚度之间的关系，以及男性和女性的行为在多大程度上是相似的，结果表明功能品质和享乐品质都是价值感知的前因，而价值感知反过来又会影响忠诚度。忠诚度对购买行为的影响是显著的，尽管这种影响很弱；在性别差异上，学者发现性别对在线旅游购买行为的差异影响并不显著（Jasmina et al.，2016）。Majeed 等（2020）通过采用偏最小二乘法结构方程模型对收集的数据进行统计分析，研究结果发现游客对旅游目的地在线内容的感知直接影响他们的行为意愿，而游客的满意度在游客对旅游目的地在线内容的感知和他们的行为意向之间发挥中介作用。Kim 等（2011）研究发现导航功能和感知安全对信任有显著的正向影响，交易成本对信任没有影响，满意度对信任有正向影响，信任影响客户忠诚度，信任发挥中介作用。

另有学者基于技术接受与使用统一理论（UTAUT）构建理论模型，通过对 1083 名游客样本分析发现，在线购买意愿受到交易预期的绩效和努力水平以及用户的创新水平的影响。此外，创新性结构对绩效预期与网上购买意愿之间的关系具有调节作用（Martín and Herreroá，2012）。Sahli 和 Legoherel（2016）对 389 名消费者进行调查，证实了在解释在线旅游背景下的行为意愿方面，T-

WAM 比其他模型和理论（如技术接受模型、计划行为理论、结构计划行为模型）更稳健。此外，还有学者基于结构计划行为理论（DTPB）采用网络调查的方法：一方面证实了在在线旅游背景下，结构计划行为理论模型在消费者的行为意图方面的解释力；另一方面也发现感知有用性对在线预订态度的积极影响并不显著（Sahli and Legohérel，2014）。还有学者通过技术接受与使用统一理论（UTAUT）模型，将 1096 名 LCC 航班的西班牙消费者作为样本进行研究，结果表明购买的关键决定因素是信任、习惯、成本节约、易用性、性能和付出的努力、享乐动机和社会因素。在这些变量中，在线购买意愿、习惯和易用性的影响最大（Escobar-Rodríguez and Carvajal-Trujillo，2014）。学者采用技术接受模型对 242 名访问安塔利亚的俄罗斯游客进行调查，调查结果显示游客对使用在线预订技术的风险认知对技术接受模型变量有负面影响，而成本认知对这些变量有正面影响（Özbek et al.，2015）。Pappas（2017）从计划行为理论视角出发，针对旅游在线购买场景中感知利益、风险和过度选择造成的混乱进行了研究，考察了感知利益、风险和过度选择对消费者信任和在线购买意愿的影响，指出了在线购买便利性和提供足够产品信息的重要性，以及安全和安保问题、信任以及价格和质量对购买意愿的影响。

Handayani 和 Arifin（2017）通过对 441 名在线旅游社区和论坛成员调查，研究发现影响在线旅行购买意愿的因素主要是网络口碑以及计划行为理论的变量，如主观规范、态度和认知行为控制，感知相对优势在一定程度上也会影响态度。Pietro 等（2013）在社交网络传播的背景下，对 1183 名学生的样本进行研究，解释了旅游产品购买意愿的前因，发现除技术接受模型的标准变量（如易用性和有用性）外，电子口碑的沟通和享受对态度和意愿也有显著影响。Tariyal 等（2022）调查了 338 名游客，研究发现功利主义和享乐决定因素显著影响游客的旅游决策，并且男性在电子口碑平台的感知有用性对在线预订决策的影响中的调节作用高于女性。Dickinger 和 Mazanec（2008）通过对 346 名受访者进行访谈来考察消费者对决策标准的偏好，发现朋友推荐和在线评论是影响在线酒店预订的最重要因素，同时根据决策标准的重要性值划分揭示特定群体的差异可以将市场进行细分。

Dogra 等（2022）在消费价值框架理论的视角下考察了消费价值对游客在线购买旅游产品意愿的影响，通过结构方程建模和模糊定性比较分析发现消费价值是影响游客在线旅游产品购买意愿的必要因素，而且技术焦虑和态度调节了消费价值与游客购买意愿之间的关系。Mohseni 等（2018）通过调研 409 名在线购买旅游产品的消费者，发现个人价值作为用户特征因素是在线旅游产品购买意愿的重要影响因素。Quaglione 等（2020）基于原始的概念框架将文化资本和积极行为联系起来，得出文化参与可以引发更高的在线旅游服务订购。Cai 等（2004）考察了游客的购买决策参与和其信息搜索行为之间的关系。研究结果表明，在 13 个案例中，有 7 个案例的游客信息偏好在不同程度的购买决策参与水平上存在显著差异，同时，互联网作为目的地信息的重要渠道在不同的购买决策参与水平上也存在着显著差异。Rasty 等（2013）通过收集 386 份问卷，发现作为主持人的参与不只对互联网旅游广告态度与互联网旅游广告效果之间的关系产生极大的影响，参与度还影响了互联网旅游广告内容设计与互联网旅游广告态度之间的关系以及互联网旅游广告效果与购买意愿之间的关系。

迄今为止，在线旅游产品订购意愿影响因素相关问题得到了许多学者的关注，同时也受到众多企业管理者的重视。但缺乏系统的理论框架，有待继续探索。

第三节　研究意义

本节基于 S-O-R 理论、精细加工可能性模型、框架效应理论、技术接受理论，考察在线旅游产品订购意愿影响因素及作用机理，为在线旅游平台更好地服务消费者提供理论基础和决策依据。

一、理论意义

本书以在线旅游产品订购意愿影响因素为研究对象，通过探索性研究发现在线旅游产品订购意愿影响因素主要来源于产品介绍、在线评论、促销策略、退订策略四个方面。因此，进一步通过问卷调查及实验法从产品介绍、在线评论、促销策略、退订政策四个方面展开实证研究，深入分析了在线旅游产品订购意愿影响因素及作用机理，为研究在线旅游产品订购意愿影响因素提供了系统的理论框架，进一步完善了在线旅游产品订购的相关理论。

二、实践意义

本书系统探讨了在线旅游产品订购意愿影响因素及作用机理，并根据研究结论提出决策依据和管理建议，有利于旅游业依托互联网平台和数字化手段为终端消费者提供更好的旅游产品及服务，积极发挥在线旅游的枢纽和引领作用，推进整个旅游行业的数字化管理，推动旅游产业升级和激发旅游消费活力，促进在线旅游市场高质量发展。

第四节 主要研究内容

第一章是绪论。交代本书的研究背景、国内外研究现状、研究意义、主要研究内容、研究思路与方法，对本书做一个总体的介绍。

第二章是变量与相关理论研究。通过对产品介绍中的产品介绍详尽度、产品介绍认知流畅度、客服回复满意度的内涵界定及相关研究；在线评论中评论数量、评论质量、评论雷同程度、差评与产品功能相关度、问答回复质量的内涵界定及相关研究；促销策略中促销购买限制、促销方式、促销社交情境叙述的内涵界定及相关研究；在线旅游产品退订政策及在线旅游产品退订影响因素相关研究；消费者心理感知相关研究等方面的文献进行了整理和回顾，总结目前的研究现状，对现有文献中相关研究理论、前沿和重点问题、方法等进行评价，明确本书研究的切入点，为后续研究提供了理论依据。

第三章是在线旅游产品订购意愿影响因素探索性研究。运用内容分析法，利用 Nvivo 11.0 软件，以深度访谈在线订购旅游产品消费者的文本作为资料来源，对在线订购旅游产品影响因素进行探索性研究，为研究假设的提出和理论模型的构建奠定基础。

第四章是产品介绍研究。基于第三章的在线旅游产品订购意愿影响因素探索性研究结果，根据 S-O-R 理论、精细加工可能性模型，探讨产品介绍详尽度、产品介绍认知流畅度、客服回复满意度对订购意愿的影响及作用机理，为合理进行产品介绍提供方法指导。

第五章是在线评论研究。基于第三章在线旅游订购意愿影响因素探索性研究的结果，根据 S-O-R 理论、技术接受模型，探讨评论数量、评论质量、评论雷同程度、差评与产品功能相关程度和问答回复质量对订购意愿的影响及作用机理，为合理引导在线评论提供方法指导。

第六章是促销策略研究。结合第三章在线旅游订购意愿影响因素探索性研究的结果，根据框架效应理论，考察社交情境叙述、促销方式、促销购买限制三类因素交互下对消费者订购意愿的影响差异，选择最优的促销策略组合，并分析其作用机理，为合理制定促销策略提供方法指导。

第七章是退订政策研究。研究了在线旅游产品退订政策作用流程以及退订政策对在线旅游消费者订购意愿的影响，为合理制定退订政策提供方法指导。

第五节　研究思路与方法

一、研究思路

本书采用的技术路线如图 1-3 所示。首先，通过观察在线旅游产品订购实

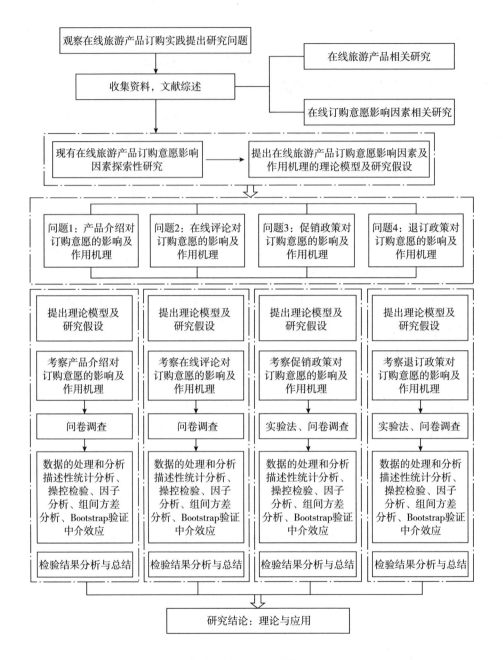

图 1-3　研究思路

践并结合文献研究提出问题。其次，运用内容分析法对在线旅游产品订购意愿
影响因素进行探索性研究，为研究假设的提出和理论模型的构建奠定基础。再

次，基于 S-O-R 模型、精细加工可能性模型、框架效应理论、技术接受模型等理论构建结构方程，利用问卷调查及实验法进行实证研究。最后，总结研究结论，提出管理对策建议。

二、研究方法

1. 文献研究法

笔者查阅并梳理大量国内外的相关文献资料，了解在线旅游产品相关研究、在线订购意愿影响因素相关研究等方面的文献，梳理产品介绍、在线评论、促销策略、退订政策以及消费者心理感知相关研究，为本书的概念界定和问题提出提供参考。

2. 深度访谈法

本书通过深度访谈法探索性研究在线旅游产品订购的主要影响因素，有意识地选取了多类型具有代表性的在线旅游平台用户进行深度访谈，对其在线旅游消费的意愿、动机、思路进行了汇总分析，对问卷调查难以覆盖的一些具体问题进行了了解和掌握。

3. 问卷调查法

采用问卷调查的形式，收集所需的数据和信息。在问卷设计阶段，对问卷变量选取以及题项进行了反复对比和增减，听取多方专家、学者、在线旅游消费者意见，最终形成调查问卷。通过向被试进行问卷调查和回收，获得准确的第一手资料。

4. 情景模拟实验法

本书采用情景模拟实验法，通过对有关变量的操纵和控制，科学地揭示个体心理和行为的变化，更好地控制无关变量的影响，有效地揭示自变量和因变量之间的因果关系。为控制外生变量带来的影响，如个人背景、年纪、性别、收入水平等，本书统一选取同质性较强的 MBA 学生作为被试，并在年龄和性别上保持各组的均衡。

5. 统计分析方法

本书采用 SPSS 24.0 和 Smart-PLS 3.0 统计软件进行数据分析，分别对问卷进行探索性因子分析、验证性因子分析，利用单因素方差分析、独立样本 T 检验以及 Bootstrap 法对假设关系、中介效应等进行检验。

第二章　变量与相关理论研究

第一节　产品介绍相关研究

在线购物消费者接收产品信息主要来源于在线平台的产品介绍，产品介绍是消费者了解产品功能，评估产品价值的重要基础，众多学者对产品介绍相关问题进行深入分析。在产品介绍相关研究中，学者对信息内容进行了分类，探究不同信息内容对消费者认知和行为的影响路径。喻昕等（2017）将产品信息内容分为事实型信息、担保型信息和评价型信息，商家通过丰富这些产品信息增强消费者的临场感，提高消费者的购买意愿。冷雄辉等（2022）对产品文本描述内容进行研究发现，在线购物中消费者的其他感官（嗅觉、触觉和味觉等）体验难以进行，而隐喻文本的描述能够弥补在线购物中消费者感官体验的不足，进而增强消费者的购买意愿。肖开红和雷兵（2021）认为在线购物中，产品描述详细生动能够增强消费者对产品的价值评估，进而增强消费者的心理感知，提高购买意愿。刘蕾和吴少辉（2017）则对产品信息内容量的影响进行分析，并不是信息量越丰富对消费者越有用，信息量过多时，信息超载会导致消费者认知困难，从而降低消费者的购买意愿。

刘荣和张宁（2021）从构成、颜色和图片背景三个方面探究在线购物中产品图片对消费者偏好和行为的影响。此外，龚艳萍等（2020）将产品信息呈现方式分为产品图片展示和场景图像展现，前者更多地为消费者提供产品的客观属性和产品特征等，而后者通过展示产品的使用场景诱导消费者联想产品与自身，拉近产品与自身的心理感知。动态呈现主要指通过视频和幻灯片等方式展示产品信息。相较静态呈现，动态呈现时，消费者的视觉焦点很难高度集中，消费者的重点会更关注其产品信息的变化和联系。黄静等（2017）研究发现消费者目标产品为体验品时，产品信息的动态呈现能够弥补消费者对体验的需求，更有利于消费者对产品信息的判断与处理，有利于消费者产生更高的评价；消费者目标为搜索品时，产品信息的动态呈现能够为消费者直观、稳定地提供足够的产品信息，便于消费者获取产品属性、特征和功能，提高消费者的体验，从而提高消费者对产品的评价。

一、产品介绍详尽度

在线订购中，产品呈现对消费者购买意愿和购物体验有重要影响。随着互联网技术的发展，在线购物中的产品信息呈现方式逐渐多样化，产品信息呈现不仅包含文字呈现，而且还包含视觉呈现。文字呈现指通过语言、数字或符号对产品具体属性进行阐述，能够精准表述产品属性，但是难以激发消费者视觉意向。视觉描述指通过图片或视频对产品属性进行展现，通过图片或视频能够更多地刺激消费者产生好奇心，激发消费者大脑进行意向处理，促使消费者获取更多的感官线索（武瑞娟等，2021）。产品介绍详尽度指关于通过文字、图片和视频等多种方式对产品描述信息的详尽程度，也称产品信息完整度。齐托托等（2021）认为产品介绍详尽度可以用文本信息长度衡量，文本信息越长，对产品描述越详尽。包敦安和董大海（2009）则认为产品介绍详尽度应该包括两方面：第一，信息包含产品属性的多少；第二，产品的单一属性被描述的详细化程度。相较低信息详尽度的描述，高信息详尽度的产品描述应当包含更多的产品属性描述，同时对产品的每一个属性信息进行更深入细致的描述。

产品信息是影响消费者行为的重要因素。万君等（2014）研究发现网络视频广告的信息详尽度越高，消费者产生的愉悦度越强。杨东红等（2019）通过对京东商城的数据研究发现，产品介绍中产品属性描述越详细，越能够加深消费者的产品认知。包敦安等（2011）认为虚拟社区环境下，发帖者较高的信息详尽度能够增强浏览者感知发帖者的类社会互动关系，增强对浏览者的吸引力，促进浏览者完成消费决策。Hyeshink 等（2008）研究发现高详尽度的产品介绍能够增强消费者的购买意愿。齐托托等（2021）研究发现产品介绍详尽度正向影响消费者的知识付费行为，且在享乐型产品中影响效果更为显著。何有世和李娜（2016）研究发现产品介绍描述越长，描述产品属性越多，消费者感知的信息有用性越高。Olson 和 Jocoby（1977）认为店铺内产品文字介绍、图片和视频展现是消费者获得产品信息的重要来源，详尽的产品介绍能够降低消费者的风险感知，进而影响消费者购买决策（邵兵家、鄢智敏，2006）。

二、产品介绍认知流畅度

流畅度源于心理学"元认知"这一概念。许多学者对流畅度进行分类研究，流畅度可以分为提取流畅度和加工流畅度，前者定义为人提取相关信息时的感知流畅度，后者定义为面对外界信息和处理刺激信息时的感知流畅度，又可以分为知觉流畅度和概念流畅度。加工流畅度也称认知流畅度，指人们面对刺激信息，人自身感知其信息获取加工过程的难易程度（孙国辉、刘培，2021）。卢兴等（2022）将认知流畅度定义为用户获取和处理信息的体验为放松和舒适的状态，信息加工流畅度理论认为熟悉的、可信的和有益的刺激信息能够产生高认知流畅的信息（孙国辉、刘培，2021）。高认知流畅度的信息能够提升人对信息的理解，增强获取信息的能力（单从文等，2020）。卢兴等（2022）认为高认知流畅的文化作品更有利于读者对文化的感知，能够增强读者的期待视野。

根据信息加工理论，众多学者研究发现消费者在信息处理过程中，消费者对信息的认知流畅度越高，其反应和感觉越积极（王娅等，2022）。Storme 等（2015）研究发现，认知流畅度能够影响消费者态度，当消费者面对高认知流畅度的广告和视频时，容易引起消费者的认知努力，进而引起消费者对广告和视频的积极态度。Winkielman 等（2003）认为高度熟悉或简单的信息刺激最初能够引起消费者的积极反应是因为这类信息可以高流畅地处理，高认知流畅度能够增强消费者对不同概念品质和感知品质的判断。消费者对信息判断的重要因素之一为认知流畅度，认知流畅度影响消费者的态度和行为决策，如Novemsky 等（2007）指出信息认知流畅度不仅可以从自身触发而产生，也可以在接收外部刺激信息时产生。当消费者在信息认知过程中感受到高流畅度时，对信息的感知熟悉度增加，对信息的理解能力增强，从而，感知重要性提高。植入式广告对消费者态度影响研究中，周南和王殿文（2014）发现消费者对信息的认知流畅度能够影响消费者对广告品牌的态度，认知流畅度越高，消费者对广告品牌的评价越高，消费者购买意愿越强烈。但是这一认知并非所有情境都适用，Nielsen 和 Escalas（2010）研究发现对信息的低认知流畅能够减轻人们对周围路径的依赖，提高人们获取信息时的注意力，促使人们进行分析性思维认知。在线订购中，产品介绍是消费者从商家来源获取产品信息的重要渠道。在产品介绍中感知产品信息获取加工过程的难易程度称为产品介绍认知流畅度。

三、客服回复满意度

1. 客服系统

随着互联网技术的发展，在线订购成为消费者购物的重要环境，而在线订购过程中存在的不确定性严重影响消费者的订购行为，消费者需要通过多种方式获取大量信息减少其不确定性。在线购物中，客服系统是消费者收集信息，降低不确定性，减少购买风险的重要渠道。第一，在线客服以文字、视频和图片的形式耐心和专业地与消费者进行沟通，沟通过程中与消费者建立良好的关系，获取消费者信任。第二，在线客服能够为消费者提供产品介绍中缺少的、不明确的产品信息，为消费者提供足量的信息咨询，降低消费者的风险感知。第三，在线客服能为消费者提供一对一的产品讲解，更充足和细致地讲解产品功能、价值和服务等，提高消费者对产品的价值感知。第四，在线客服可以实现实时问答，为消费者解决疑惑提供即时服务，降低消费者风险感知，提高消费者的购买意愿，辅助消费者进行购买决策。第五，在线客服是服务失败后进行服务补救的重要手段。在线客服采用与消费者类似的语言风格能够提升消费者的感知相似性，进而增强消费者信任，提升消费者产品评价，降低消费者抱怨（王亭亭，2021）。在线客服可以分为人工客服、智能客服和混合客服三种。

（1）人工客服。线下购物环境中，消费者与服务人员的交流是面对面的，消费者可以通过观察店铺布局和其他消费者购买情况评估产品价值，决定是否购买，消费者的购买决策受多方面影响（李顺等，2022）。线上购物环境中，消费者与商家缺乏密切交流，客服成为消费者获取产品信息的重要渠道，因此客服的服务质量可能直接影响消费者购买决策。在线购物平台中人工客服的任务就是与消费者进行互动，为消费者提供咨询产品的具体信息，解答消费者疑惑，提高消费者购买意愿。相比智能客服，人工客服以"人"为基础，以热情饱满的服务态度，灵活多样的语言为消费者解决问题，提供服务（王海忠等，2021）。目前，众多学者通过问卷调查和情景实验对人工客服进行研究，人工客服与消费者的在线沟通有助于构建和谐、信任的客户关系，提高其重复购买意愿。消费者与客服沟通本质上是信息搜寻，高质量的在线沟通有利于消费者高效获得关键商品信息，加深顾客对产品的了解，降低消费者的不确定性和风险感知，提升消费者购买意愿等。

（2）智能客服。随着电子商务的迅速发展，2022年我国电子商务交易规模达 42.93 万亿元，网购用户规模达 8.4 亿。迅猛增长的网购用户对客服服务提出了新的挑战，人工客服成本大、数量有限、工作时间局限、响应速度低等缺点一一展现。同时，客服工作形态单一，业务知识繁杂导致客服人员流失加剧[①]。为改变这一现状，在线购物平台大量引进智能客服，希望通过智能客服提高服务质量和工作效率。智能客服指基于人工智能技术开发和迭代的客服系统，利用自然语言处理、知识管理和机器学习等技术，为消费者提供高效的交流服务。互联网技术下的智能客服不会有负面情绪，且响应快，能够同时完成大量沟通任务，提高服务效率。近年来，智能客服在线上购物的使用率急剧增加，引起众多学者的关注。王海忠等（2021）研究发现当智能客服采用社交导向的沟通风格能降低消费者在服务失败下产生的厌恶感。Rese 等（2020）基于技术接受模型，分析智能客服的采用对顾客满意度的影响，智能客服的对话真实性和感知有用性影响消费者对智能客服的接受度。赵思琪（2022）研究发现消费者认为智能客服的原则性比人工客服的强，进而减弱消费者在线上购物中的讨价还价行为。Luo 等（2019）研究发现消费者会认为智能客服回答内容有限，缺乏专业知识，当智能客服身份暴露后，消费者往往会选择停止服务，导致消费者难以获取足量信息，进而影响消费者的购买意愿。吴继飞等（2022）认为相比人工客服，智能客服的功能单一，难以满足消费者购买中的不确定需求，容易引起消费者对智能客服的厌恶效应。

（3）混合客服。线上购物中使用的智能客服多通过简单问答来提供服务，用户与智能客服交互，因为智能客服问答数量有限，回复内容重复，对消费者需求理解能力差等，难以让消费者感到满意。因此，线上购物通常采用"人工+智能"的混合客服。智能客服主要回答标准化的问题，当智能客服难以解决当前疑惑时，消费者可以要求人工客服介入，以获得精确和高质量的服务，增强消费者满意度。近年来，混合客服引起学者注意。王亭亭（2021）从认

---

① 2022 年电子商务及网络购物市场规模分析：网购规模持续增长［EB/OL］. https：//www.askci.com/news/chanye/20220819/1750141961920.shtml.

知表达和情感表达两方面分析人工客服、智能客服和混合客服对消费者购买决策的影响，发现三种客服均有利于消费者购买转化，且混合客服与消费者交流越频繁，交流过程中使用正向情感词数量越多，越有利于消费的购买转化。李顺等（2023）认为人工客服和智能客服的共同使用能够形成互补，互相增强对方的作用，进而提高消费者的购买转化。

2. 客服回复

客服回复是指客服针对消费者的问答需求进行的信息反馈，能加强产品的正面特征，提高消费者对产品的价值感知，进而影响消费者的购买意愿与行为。客服回复满意度指消费者对客服系统使用后的实际感受与预期的比较程度，是消费者的主观感知，客服回复具有交互性。因此，本书将客服回复满意度定义为消费者在接受客服服务过程中对客服答复水平的整体感知。高跃（2016）认为在线客服服务应当包含响应性、保证性、可靠性、有形性和移情性五个维度。消费者感受的在线客服服务能影响消费者的价值感知，进而提高消费者的购买意愿。陈梅梅和侯晶（2014）调查发现客服服务是消费者购买决策的重要影响因素。赵学锋等（2012）认为在线客服服务应当包含信任、可靠性、网站设计、个性化和信任五个维度。骆培聪等（2020）研究发现旅行社在线客服服务正向影响顾客契合，进而提高顾客忠诚度。

第二节　在线评论相关研究

在线评论是在线订购中影响消费者认知、意愿和行为的重要因素，产品介绍是商家通过提取产品的优势亮点，呈现的产品信息，而在线评论是消费者体验后的真实感受，信息来源更为客观，是消费者在线订购旅游产品的重要决策依据。

一、评论数量

评论数量指针对特定产品消费者对其评论的信息总量，评论数量能在一定程度上反映产品的受欢迎程度，能够影响消费者形成或改变产品的相关认知。在线订购接收信息渠道来源较少，尤其是当面对高卷入度和复杂的产品时，了解和判断产品质量的主要渠道是在线评论。评论数量多意味着该产品的使用者多，基于从众效应，为降低不确定性，消费者更愿意相信评论数量多的产品。特别是低卷入度的产品，鲜有消费者投入大量精力对产品评论进行深入分析，评论数量对消费者的影响更强（李宗伟等，2017）。

评论数量对消费者的影响在多个领域已经得到证实。针对电影行业，郝媛媛等（2009）认为影评数量表示消费者对电影的关注度越高，消费者购买行为越强。服装行业，杨楠（2015）研究发现其口碑数量越多，消费者对该产品的价值感知越高，更容易引发消费者的购买兴趣。游戏领域，龚诗阳等（2018）研究发现游戏的口碑数量和口碑效价对手机游戏销量均产生正向影响。医疗领域，Lu 和 Wu 等（2019）研究发现，相较总体评分，评论数量更能影响消费者的就医决策，评论数量的增多有利于提高医生门诊的就医数量。在线购物中，陈春峰等（2021）认为相较专家和权威人士形成的口碑，数量来源型口碑源于普通消费者，一方面不容易掺杂商业利益，另一方面该口碑经过广大群众的监督与验证，更能促使消费者的购买意愿。武瑞娟等（2021）针对在线购物研究发现，不论何种类型产品，评论中含图片数量越多，消费者对评论感知有用性越强。郭泰麟和黄斐（2021）研究发现信息数量正向影响消费者对旅游产品的购买意愿。

二、评论质量

在线订购中，在线评论是消费者获取产品信息的主要渠道之一。在线评论主要是消费者购买产品后或体验服务后形成的评价，主要通过文字和图片的方式来展现，便于其他消费者形成对产品的认知（孙瑾等，2020）。现有研究多通过评论内容衡量评论质量，评论质量主要包括评论内容的完整性、及时性和准确性，高质量的在线评论能够影响消费者的意愿与行为方式。Jumin Lee 等（2007）将评论质量划分为相关性、理解性、充足性和可靠性四个维度。祝琳琳等（2021）构建了感知评论质量的评价指标体系，从评论信息来源、内容、接收者和媒介四个方面评判评论质量。赖胜强等（2011）认为高质量的在线评论往往包含了更多的产品和服务信息，详细地描述了体验者对该产品的态度和产生原因，能为消费者提供更全面的产品信息和更高的参考价值，进而促进游客选择意愿。此外，通过衡量评论深度和评论形式判断评论质量。李昂和赵志杰（2019）通过评论字数衡量评论深度，即在线评论的字数越多，评论深度更高。评论描述产生信息越详细，越能激发消费者的感知有用性（Ghose and Ipeirotis，2007）。Racherla 和 Friske（2013）研究发现，体验型产品中评论深度并不能直接代表评论质量。关于评论形式，在线评论中以文字评论和图片评论为主，通常消费者通过上传图片用以佐证文字评论的内容，展现产品实物特征，提高评论价值和信息传递效果（李宗伟等，2021）。王翠翠等（2020）通过眼动实验探究文字评论和图片评论对感知有用性的影响，相比内在型产品，消费者购买外在型产品时的图片评论影响更大，消费者注视图片的时间更长。同时，评价中的情感强度也是影响评论质量的主要原因。毕达宇等（2020）认为消费者评论中应适度表达自身情感与情绪，有助于增强信息的真实感和画面感，引起消费者的认同。已有研究从评论内容的准确性、全面性和相关性来判断评论质量（闫强等，2019）。

　　评论质量对消费者的影响已经得到认证。李宗伟等（2021）从评论长度和评论图片数量判断评论质量，评论越长，评论内包含的产品信息越多，消费者对评论的感知有用性越强。同时评论中图片数量越多，消费者的价值感知越强，对消费者的影响力越大，越能促进消费者购买。霍红和张晨鑫（2018）从有效评论数量、图片数量和追加评论数量三方面衡量评论质量，其中有效评论即包含产品信息的评论，其数量越多对消费的购买行为影响越大；图片在评论中有助于消费者对产品的理解，能够为消费者评价提供佐证，便于理性消费者对产品深入认识，进而增强消费者的购买力；相比一般评论，消费者对追加评论的感知有用性更高，更能影响消费者的购买行为。牛更枫等（2016）认为在线评论质量不仅拥有全面丰富的产品信息，而且还蕴含更强的逻辑性，对消费者的说服性更强，能够提升消费者的购买意愿，同时，消费者的认知主要调节评论质量对消费者购买意愿，即高认知需要下，消费者受在线评论质量的影响，而低认知需要下，消费者受评论数量的影响。

三、评论雷同程度

雷同指相同或相似，指两个及两个以上文本之间的相似程度。最早出现于计算机领域，用于计算句子、段落和语义之间的相似性。在线评论中经常会出现文本相同或相似的评论，这类评论主要源于系统默认评价、商家购买水军和消费者为获取好评返现复制他人评论。这类评论主要表现为文本相似性高、重复性高和写作风格单一等，众多学者通过分析评论的文本特征来判断评论的有用性。Zhao 和 Wang（2016）认为文本长度和文本复杂相似度高的评论属于虚假评论，消费者为避免该评论的误导需要花费更多的时间来辨别真伪。目前，计算评论的雷同程度方法逐渐丰富，主要包括表面文本雷同度和语义文本雷同度两方面。表面文本雷同程度有散列算法、监督学习算法和半监督学习算法等，语义文本雷同程度有显示语义分析（ESA）、广义潜在语义分析（GLSA）和相关性双重检验（CODC）算法等（王春柳等，2019）。

雷同程度较高的评论主要由商家主导，希望通过大量好评获得较高的产品评分，通过"好评返现""自身发布"和"购买水军"等方式增加好评率，增加网络流量，引导消费者增加其购买意愿。郑春东等（2015）认为在大量雷同评论出现时，消费者在快速浏览过程中会自动忽略这类评论，所以并没有提升消费者的感知有用性，反而雷同评论出现会导致消费者产生"利益导向"

和"刻意为之"的感觉，故而增强消费者的风险感知。王乐等（2022）则认为，雷同程度较高的评论存在会降低消费者对评论质量的感知，降低消费者的信任，进而降低消费者对评论的感知有用性。

四、差评与产品功能相关度

相关是信息启动的关键，消费者只有感觉信息与自己相关，才会去感知信息、获取信息。信息相关指人际交往中个体往往会更倾向于讨论与自身相关的事，Krishnamurthy（2001）研究发现网络社交中用户更关注与自身相关的信息，用户认为相关度越高，这类信息的价值越高。产品功能就是消费者付费购买的核心，与产品功能相关即是与消费者自身相关。信息相关度能影响消费者的认知、情感和行为等。贾丽娜等（2019）研究发现信息相关度能影响个体的认知加工。谢许宏等（2022）将信息相关度定义为信息与消费者感知信息有用性的相关程度，微电影广告中蕴含的信息相关度越高，消费者对其感知和认识越强，消费者更容易将广告的质量与企业形象联系起来。万君等（2014）则对网络视频广告进行分析，当消费者与广告的信息相关度越高时，消费者的情感反应（唤醒度和愉悦度）越强，其购买意愿越强。包敦安等（2011）研究发现，用户在浏览过程中会快速过滤掉与自己和自身需求无关的信息。在线交易社区中，当用户看到与主题无关的发帖信息时，用户感知与发帖者的类社会互动关系强度减弱，进而影响用户对社区的忠诚和用户的购买倾向。

相较好评，消费者对在线购物中差评的感知更为明显。主要是因为差评能够为消费者提供商家不会主动介绍的产品信息，可能对消费者的参考价值更大，更容易影响消费者的购买意愿（毕达天等，2020）。但是，因为消费者和商家的原因，在线购物平台经常会出现与产品功能相关程度较低的差评，这类差评不仅参考价值低，而且还会增强消费者对评价来源的怀疑，进而影响消费者对评论有效性的怀疑。

五、问答回复质量

在线购物中，消费者除了通过消费者评价获得相关信息，还可以通过问答回复来获得自己所关注的信息，如淘宝中的"问大家"、京东的"问答"等，消费者可以根据自己对产品的疑惑向已购买的消费者提问，实现"消费者—消费者"的互动。在产品介绍和在线评论中消费者作为信息被动接收者，而在问答中，提问的消费者是主动寻求意见，其他消费者是主动分享信息，这样的信息交流更具有影响力（张舒宁等，2021）。Hendriks（1999）将这类"消费者—消费者"的互动划分为求助、获助、思考和行为强化四个过程。在这类互动中，消费者增加了对产品的认知，并不断进行思考，从而影响消费者的决策。另外，李东等（2015）认为消费者与消费者的互动能够提升消费者认知，增强其从众性，主要表现为消费者接收到广泛传播的信息时，会感受到群体压力，个体不愿被群体孤立，更愿意与群体保持一致。徐鑫亮等（2018）基于互动仪式链理论，深入分析新媒体环境下的消费者互动。消费者与消费者通过互动交流共同关注点，产生高强度的情感体验，有利于提升消费者对品牌的情感，进而促进消费者的购买行为。

综上所述，在线购物中消费者与消费者的互动行为不同于其他互动，一方面，这类互动的发起人是消费者本身，消费者从自身需求出发，寻求信息，所获得的信息适用性更强。另一方面，这类互动参与者是已经参与消费的用户，这类用户对产品的功能有真实的体验，同时消费者认为参与回复的用户不容易掺杂商家利益，回答的信息更真实。因此，在线评论中消费者与消费者的问答回复质量能影响消费者的认知、意愿和决策。

第三节　促销策略相关研究

促销是企业为刺激消费者、提高产品销量的重要手段，促销方式繁多，且对消费者的影响重大。在营销领域，关于促销研究内容主要包括促销限制、促销方式等。

现有的促销限制主要有限时和限量，促销限制通过对促销活动进行一定的限制，加强产品稀缺性，引起消费者竞争心理，进而提升消费者的购买意愿。肖开红和雷兵（2021）认为促销刺激均能直接影响消费者感知，提升其价值感知。王国才等（2021）认为限量促销活动下，消费者的感知控制感更低，感知稀缺性更强，消费者的购买意愿更高。卢长宝等（2020）认为限时促销的本质是通过限制时间，提高消费者的时间压力，进而诱导消费者的情绪，提高冲动性购买意愿。

现有促销方式可以分为两种，获益型促销和减损型促销。获益型促销表现为同等消费下消费者能够获得的产品价值更高，活动中主要通过"买一赠一""下单即送额外服务""买正装赠小样"等方式。而减损型促销表现为消费者购买同样的产品需要付出更低的价格，活动中主要通过"打折""赠送优惠券"和"满二百减二十"等方式（刘必强等，2022）。不同的促销方式对消费者心理感知影响不同，对购买意愿的影响也不同。戴国良（2019）将促销方式分成买赠、满减、返券、折扣和秒杀五类，分析不同类型的促销活动对消费者价值感知的影响，研究发现减损型促销（折扣和秒杀）中消费者的感知价格更高，有利于消费者进行口碑传播。而获益型促销（买赠和满赠）情况下，消费者对赠送礼品的认可影响其感知价值。郭国庆等（2020）对降价促销和发送优惠券两种促销方式进行分析，研究发现当产品降价优惠时反而会减少未来的购买数量，但是缩短了购买时间间隔，进而增加购买金额。当发送优惠券进行促销时，会提高消费者的购买数量。面对价格折扣，并不是产品折扣幅度越大，消费者购买意愿越强，当折扣幅度太高或太低时，消费者会对产品质量和价值重新评估，降低了消费者的购买意愿（耿黎辉、姚佳佳，2020）。

一、促销购买限制

1. 限量促销

限量促销意在通过限制产品数量来吸引消费者。由于数量有限，这种促销通常会吸引消费者进行紧急购买，以免错过产品。限量促销通常会在广告、网站和社交媒体上进行宣传，以吸引潜在消费者。此外，限量促销还可以在一定程度上促进品牌忠诚度，因为消费者希望拥有一些独特的产品，这些产品仅在有限的时间内或数量内推出。Hsuan 等（2012）将限量促销分为供给型限量和需求型限量，即厂商生产的产品数量有限和渠道提供给消费者的产品有限。对于旅游等体验类型的产品来说，限量促销指的主要是需求型限量。限量促销是限制性促销的一种，可以通过影响消费者对产品的感知的稀缺性来影响消费者的购买行为。稀缺性能够提高消费者对产品价值的看法，产品的稀缺信息也能启发消费者对稀缺产品产生更高的质量评价（Cialdini，1993）。此外，限量促销的稀缺性还体现在与其他消费者的竞争中，有研究指出，限量促销向消费者释放的限量信息能影响消费者的感知竞争，进而影响其购买意向（Aggarwal et al.，2011）。金立印（2005）指出，相较于限时促销，限量促销引发了更强的竞争心态，更能影响消费者的购买动机。限量促销还能诱发消费者情绪。彭静和卢长宝（2015）指出，限量促销能影响消费者的前瞻性情绪，包括预期情绪和预支情绪，卢长宝等（2020）基于上述研究，分析限量方式、限制数量和产品类型对消费者希望、焦虑、预期欣喜、预期后悔等情绪的影响。

限量促销对消费者行为的影响存在许多调节因素。不同类型的限量促销对消费者前瞻情绪强度和购买意愿的影响中产品类型发挥调节作用。炫耀性的产品，生产型限量促销下，消费者的希望、焦虑、预期欣喜和预期后悔更强烈，更容易提升消费者的购买意愿（卢长宝等，2020）；产品涉入度的高低会调节限量促销带来的感知稀缺性，在产品涉入度低时，限量促销比限时促销带来更强的感知稀缺性，因而导致了更高的消费者购买意愿（黄静等，2016）；促销方式同样调节了限量促销购买限制对购买意向的积极影响，折扣促销情况下，限量促销对消费者的影响更强（王国才等，2021）。在一些情况下，限量/限时本身也作为一种调节因素，在网络聚集促销规模对前瞻性情绪的影响中限量促销起到了调节作用（卢长宝等，2020）。

2. 限时促销

限时促销是指商家在一段有限的时间内给予消费者某件商品优惠价或价格折扣刺激消费者进行购买。这种促销活动通常会设定一个较短的时间限制，营造紧迫感来刺激消费者的购买欲望。限时促销广泛用于线上和线下销售渠道，吸引消费者进行购买。

在限时促销影响消费者购买意愿的研究中，许多学者考虑了时间压力的中介效应。促销活动通常在限定的时间内进行，这种限时性给消费者带来了时间上的压力。促销情景下的时间压力可以分为两种，一种是因促销时间限制而形成的客观时间压力，另一种是消费者感受到的时间流逝带来的压力，它们共同作用于消费者的情感、认知和行为（卢长宝、黄彩凤，2014）。电商平台的"秒杀"促销活动能从主观和客观时间压力的层面增加电商人气聚集，从而影响消费者对电商网站的好感和行为选择倾向（卢长宝等，2017）。在典型的限时促销情景下，如网站向消费者展示促销倒计时，其时间流逝的精确度也能通过时间压力影响消费者购买意愿（席恺媛等，2019）。促销时间限制也能夸大消费者的感知利得和减弱消费者的风险意识，进而提高消费者购买意愿（卢长宝等，2013）。

在大型电商限时促销情境下，时间压力能够显著调节时间距离对消费者前瞻性情绪的影响（卢长宝等，2021）。时间压力还能调节促销框架对消费者购买意愿的影响，即时间压力的紧迫程度能够影响减少损失型促销中消费者的价值感知和预期后悔，进一步影响消费者购买意愿（郝辽钢、曾慧，2017）。此外，"秒杀"促销能够增加消费者对购物平台的好感度，提高消费者口碑传播意愿（戴国良，2019）。

二、促销方式

促销方式是指商家为了促进销售而采用的各种策略和手段。常见的促销方式有打折促销、满减促销、赠品促销、代金券促销、团购促销和积分促销等。打折促销主要通过降低商品价格来吸引消费者购买；满减促销指消费者在满足一定金额的前提下，可以获得相应的优惠；赠品促销指消费者购买商品后，可以获得附赠的赠品；代金券促销指消费者购买商品后，可以获得代金券，下次购物时可以抵扣相应的金额；团购促销指消费者通过团购网站等平台，集体购买商品，获得更优惠的价格；积分促销指消费者购买商品时可以获得相应的积分，积分可以在以后的购物中抵扣一定的金额。钟琦等（2023）将促销方式总结为三种：优惠券类促销、折扣类促销和附加服务费优惠类促销，并分别实证了三种方式通过感知促销利益和感知促销成本对购买意愿产生积极影响。

根据促销方式的不同（价格折扣、样品、优惠券和买一送一等），消费者的购买行为也会受到不同程度的影响，其中价格折扣、免费样品对消费者的购买行为有很强的影响，买一送一活动对消费者的购买行为也有较强的影响，但发送优惠券促销活动对消费者购买行为没有显著影响。王国才等（2021）分析了赠品促销和打折促销情境下促销购买限制对消费者购买意向的影响，研究发现，赠品促销方式下，限时促销相比限量促销更能激发消费者购买行为；而折扣促销情景下，限量促销更容易引起消费者的购买行为。耿黎辉和姚佳佳（2020）发现促销折扣幅度会影响消费者的感知欺骗性、价值感知和购买意愿，并且高折扣幅度和限量促销的组合让消费者表现出更高的购买意愿。Na-karmi（2018）研究了价格促销、非价格促销和购买点促销等促销方式对消费者行为的影响，并考察了消费者特征、产品特征和促销特征等调节因素。刘必强等（2022）按照框架效应理论将促销方式分为获利型促销（满返）和减损型促销（满减），研究发现对于防御导向消费者，减损型促销中消费者的价值感知更高,其购买意愿更强,而促进导向的消费者,获利型促销对消费者购买意愿的影响更强。也有研究认为,过于复杂的促销方式反而对消费者购买产生消极影响。王欣等(2020)通过实证分析证实了相较于单一折扣,多重折扣反而降低了消费者认知流畅性,影响了对商家真诚度的感知,最终降低了消费者的购买意愿。

在口碑和传播方面,戴国良(2019)探究不同促销方式对消费者网络口碑传播意愿的影响,研究发现特价/秒杀促销和价格折扣促销的价值感知能提高消费者网络口碑的传播意愿,而买赠、满赠、满减和返券促销等活动对消费者的口碑传播意愿没有显著影响。张宇等(2019)认为不同的"产品+赠品"组合会启发消费者的纵向思维和横向思维,对促销表现出不同水平的评价。

除常见的促销方式外,游戏化促销也逐渐成为促销研究的一个焦点。移动互联网的空前发达促使商家致力于将促销信息铺遍网络的每一个角落,一些促销活动也从"点击领取"转换为"幸运抽奖""通关送礼"等有交互性质的游戏。庞隽等(2022)将游戏化促销分为机会型游戏和技能型游戏,研究发现游戏化促销发放方式提高了消费者的感知稀缺性和感知趣味性,进而影响消费者对优惠券的使用意愿,其中机会型游戏的感知趣味性通过消费者的感知幸运形成,而技能型游戏则通过消费者的感知努力形成。

三、促销社交情境叙述

社交情境是指因人们共同存在而构建的一种情境,这种情境不需要参与者之间的直接互动也能成立(Fishbein等,1977)。广告和营销经常通过构建社交情境,展现出一些具有感染力的场景来达到启发和说服观众的作用,如迪奥真我香水在广告中描述舞台上展示自我的表现情境,必胜客常在广告中营造好友其乐融融的交互情境。社交情境叙述指通过讲述社交情境故事来引导消费者的认知,引起消费者的共情。社交情境叙述分为交互情境和表现情境,其中交互情境聚焦于对象间的互动,参与者在这种情境下更容易建立起交流。而表现情境则更注重于对象面向他人时的表现，参与者在这种情境下更愿意向他人展现自己。张皓等（2022）研究分析社交情境叙述对广告说服的影响，研究交互情境下采用社交损失框架能增强过程模拟，进而增强广告的说服效应，而表现情境下采用社交收益框架能增强消费者的结果模拟，进而增强广告的说服效应。

第四节　退订政策相关研究

退订政策是保护消费者利益的同时，防止和弥补因随机取消造成损失的合法合同。在线订购中，大量的退货问题引起了商家和消费者的重视，如何制定合理的退订政策成为众多学者研究的重点。邵兵家等（2017）认为，退订政策可以被划分为退订规定时间、退货努力程度、退货费用三个维度。退订规定时间指从消费者收货到退货的规定时间，在规定时间内消费者可以无理由退货，如今大部分产品秉持七天无理由退货的规定；退货努力程度指消费者为退货需要做的工作，包括消费者为退货填写退货申请、退货表格、报销退货费用的原始单据等；退货费用主要指退货产生的运费和损失等。张蓓佳（2017）对上述三个维度进行分析，研究发现三个维度均会对消费者购买意愿产生影响，其中退货努力程度对消费者影响最大。孙永波和李霞（2017）则将退订政策划分为时间、物流、金额、程序和退订处理态度五个维度，根据各维度的要求可以将退订制度划分为宽松和严格两种程度。孙永波和李霞（2017）认为，宽松的退订制度能够有效提升消费者重购意愿、购买频率和购买数量等，产生更高的价值。赵琴琴等（2016）认为，退订制度越严格，意味着消费者要承担的订购成本越多，消费者的价值感知越低，进而降低消费者的购买意愿。李明芳（2017）认为，退订政策越宽松，意味着消费者承担的风险越少，消费者对其认可度越高，增强消费者对产品的信任和满意度，降低消费者认知失调，从而降低消费者的退订意愿。

国外关于消费者在线退货的研究，最初主要通过构建数学模型的方式分析如何控制产品退回，建立解释和预测退货的模型，分析顾客的退货倾向，也有研究探讨影响零售商退货政策的因素。近期对退货的研究主要集中在模型构建和行为学视角两个方面。Wood（2001）开创性地从行为学视角探讨了远程购物方式下消费者决策过程的特点，并利用禀赋效应阐述了宽松退货政策对消费者购买决策过程的影响，通过实验方法论证了远程购物环境下宽松退货政策的质量信号作用。Anderson 等（2009）开发了消费者退货模型，用来测量退货选择给消费者带来的价值，平衡不同退货政策的收益和成本。Oghazi 等（2018）基于信号理论和关系信号理论视角，统计了购物者的年龄、教育程度、收入、性别和在线购买频率后，研究发现退订政策宽松度对消费者购买意愿的影响中消费者感知信任发挥中介效应。Rokonuzzaman 等（2020）探究了高范围和低范围线索（如消费者评级和品牌形象）以及零售商的退货政策对消费者购买决策的交互影响，结果表明，当消费者遇产品消极方面（即低消费者评级、低品牌形象）的高范围线索时，宽松的退货政策将产生积极影响。相比之下，当高范围线索信号表现的是产品的积极方向（即高消费者评级、高品牌形象）时，会降低退货政策的影响。Ambilkar 等（2022）回顾了产品退货管理的相关研究，退货研究包括产品回收、预测产品退货、消费者行为、退订政策、不确定性和技术等内容。Sahoo 等（2018）构建了产品评论信息对消费者的购买和退货行为的影响模型，通过实证研究发现：有用评论的存在会导致产品退货减少；当可获得的产品评论较少时，消费者更愿意购买产品的替代品，能降低他们的不确定性；当产品的平均评级高于真实评级时，产品退货会更频繁地发生。该研究认为，无偏见的在线评论确实有助于消费者做出更好的购买决策，从而减少产品退货。Walsh 和 Möhring（2017）探讨了降低客户实际退货率的方法及其有效性。运用风险理论，该研究检验了三种重要工具对产品退货的影响，研究发现，退款保证会提升产品退货率，而产品评论会降低产品退货率，免费退货标签的提供对客户的产品退货行为没有影响。Minnema

等（2016）的研究考察了在线客户评论特征（效价、数量和差异）对退货决策的影响。研究发现，更积极的评价会增加产品的购买数量，但也会提升产品的退货率，即购买时期，在线客户评论有助于消费者形成积极的产品预期，导致购买概率提升，因更积极的评价而产生的高预期可能无法得到满足，从而提升退货率。对于新手买家和价格低廉的产品，评价对退货的影响更大。评论数量和差异主要影响购买决策，对产品退货几乎没有影响。

翟春娟等（2008）分析了电子商务中的退货物流渠道，认为制造商、在线零售商、第三方物流企业在分别作为退货负责渠道时优缺点各有不同，企业应根据自身特点与需求选择不同的退货物流渠道。李万春（2009）在传统物流模型基础上，构建了 B2C 电子商务环境下的逆向物流网络模型，制定了退货标准和退货原则。李莹（2010）对电子商务逆向物流的成因进行分析，研究认为前期的规避逆向物流产生是降低逆向物流的关键，后期的逆向物流实施是解决问题的主要路径。蔡路路（2012）对比了国内大型 B2C 企业退货的现状，建立了涵盖退货时间、运费、利用率、受理时间在内的成本影响因素模型，以利润最大化为目标来分析弹性变量的影响，为制定退货政策提供参考。马银菊等（2012）在退货策略分析中引入退货时间限制，建立基于时间限制的退货策略模型和无时间限制的退货策略模型，通过仿真计算得到无时间限制和低于原价退款策略两种最优退货策略。李东进等（2013）研究了线上实物产品退货政策对消费者感知的差异，由于消费者偏好引起的退货，退货对于后悔的缓解程度大于质量问题引发的退货；对于质量问题引起的退货，少有消费者将宽松的退货政策与质量挂钩，其退货后悔程度较小。张霖霖和姚忠（2013）认为，退货是电子商务环境中普遍存在的现象，也是在线零售不可忽视的重要因素。在考虑顾客退货的前提下将退货引入到在线企业的单周期和多周期定价订货策略中进行分析，研究发现在单周期下，在线退货量与定价正相关，与订货量和收益负相关；多周期情况下，初期定价高末期定价低，退货量越高，总收益越低。因此，无论哪种情况下，控制退货率都有利于收益提高。张福利和达庆利（2013）在假设需求不确定的前提下分析了制造商的退货策略，认为当市场需求大时，部分退货是最优退货政策；当市场需求小时，不退货或小部分退货是最优策略。孙军和孙亮（2014）研究发现，在无缺陷退货前提下，在线零售商制定的不同运费承担策略产生的影响存在差异，在线零售商根据需要和网购消费者的运费敏感度进行运费选择，可以实现需求、利润和退货量的均衡。王茜和张红超（2022）探讨了网络购物中的策略性退货行为，发现采取策略性退货的消费者与普通消费者相比，购买率更高，流失率更低，退货策略对购买行为的影响还受到交叉品类购买的调节。卢新元等（2022）对酒店竞争情境下的退订政策进行演化博弈研究发现，根据消费者对酒店水平差异的敏感度会影响酒店退订政策的宽松度，并给出了不同取消差异率情境下两竞争性酒店的博弈策略。Antonio 等（2019）为酒店的预订取消开发了预测模型，提高了预测准确性帮助酒店经营者减少退订数量。

综合梳理当前国内外研究现状可以发现，当前众多研究多立足于广义概念上的电子商务退货策略与退订政策分析研究，对于旅游产品这一具体对象的退订政策研究鲜有，目前对在线旅游产品的研究多集中于在线订购策略的相关研究。因此，本书在众多相关文献研究基础上，结合在线旅游产品的特征，探索在线旅游产品退订政策作用流程以及退订政策对在线旅游产品订购意愿的影响，也为在线旅游产品退订研究提供理论参考。

第五节　消费者心理感知相关研究

一、价值感知

学界对价值感知的定义有两种，一种是基于权衡说，价值感知定义为净收益，即消费者在消费过程中对评估收益和损失所感知的净收益。另一种是基于多因素说，价值感知根据消费环境、消费者认知和消费经验等差异，形成不同的价值感知维度。Zeithaml（1996）认为，价值感知指消费过程中，消费者感知的效用和为获取商品付出的成本进行权衡后的整体评价。肖开红和雷兵（2021）认为，电商购物环境中，消费者的价值感知主要分为质量感知、经济实惠程度感知和满足预期水平感知。郭娜和周奥朔（2022）将价值感知定义为产品价值、服务价值、系统功能价值和安全价值。本书认为价值感知是消费者获得产品和服务过程中，权衡所得利益和付出成本之后对产品和服务效用的总体评估。

在线上购物的环境中，价值感知受多方面因素的影响。价值感知是消费者根据产品或服务属性形成的自我感知。因此，价值感知受网购平台、商家服务、产品属性和消费者认知情况等多方面的影响（陈旭、周梅华，2010）。高跃（2016）认为，在线购物中，在线客服的服务质量正向影响消费者价值感知，价值感知正向影响消费者购买意愿。价值感知是影响消费者购买意愿和购买行为的重要因素。王丹丹等（2019）将价值感知分为社会、情感、功能和情境四个维度，研究发现价值感知正向影响消费者购买新能源汽车的意愿，其中功能价值影响最为强烈。刘欢和赵红（2021）在探究消费者外卖购买意愿时发现，感知服务质量和价值感知均影响消费者购买意愿。根据社会认知理论，王炳成和李丰娟（2022）认为，短视频购物模式下，价值感知能促进消费者浏览和分享行为，有利于加深消费者对产品的认识，产生正向态度，提高消费者购买意愿。

二、风险感知

Bauer（1960）首次将风险感知引入到市场营销研究中，认为风险感知并非是指真实世界中的风险，而是消费者主观感知到的风险。风险感知包括决策结果产生的不确定性和错误决策后产生损失的重要性，张喆和胡冰雁（2014）将风险感知定义为购买过程中消费者感知的不确定性和产生不利后果的可能性，将风险感知分为功能性和情感性两个维度。Roselius（1971）认为，风险感知包括时间损失、自我损失、金钱损失和危险损失四个维度。李垚和方和远（2020）与卢宏亮和张敏（2020）对网购中的消费者进行研究，总结消费者风险感知主要由信息收集风险、消费过程风险、物流运输风险和售后服务风险四部分组成。在线购物环境中，消费者的风险感知源于多方面，张应语等（2015）认为，消费者风险感知主要受消费者对购物平台和商品的认知影响。结合线上旅游产品订购特点，本书基于赵琴琴等（2016）和 Schiffman 等（2001）的研究，将风险感知定义为金钱损失风险、机会损失风险和服务质量风险三个维度。其中，金钱损失风险指购物过程中因价格波动或产品定价与预期相差大而造成消费者经济损失的风险；机会损失风险指消费者选择的旅游产品体验感不好而浪费时间，失去了体验其他旅游产品的机会；服务质量风险指产品功能执行时或服务提供时不能达到消费者预期而产生的风险。

风险感知受到多方面因素的影响，Rao 和 Monroe（1988）认为，消费者风险感知会受到产品认知的影响，当消费者对产品认知、熟悉度较低时，较高的产品价格会导致消费者形成高期待，增强风险感知。吕雪晴（2016）对海淘消费者风险感知探究，发现消费者决策情境对风险感知产生重大影响，包括企业开展降价、满额返现和打折等优惠活动。此外，在线经验分享也有利于降低消费者的风险感知。王夏阳等（2020）认为，线上购物中收到的产品与产品描述相符度较高时，风险感知降低，消费者购买意愿增强。董岩等（2020）研究发现商家为消费者提供详尽的产品介绍能够降低消费者的风险感知。此外，线上营销包括产品策略、价格策略、渠道策略和促销策略均负向影响消费者的风险感知。赵大伟和冯家欣（2021）研究发现，电商主播的互动性和专业性能降低消费者风险感知，进而增强购买意愿。风险感知是影响消费者购买意愿和购买行为的重要因素。刘军跃等（2020）认为，高风险感知意味着消费者产生损失的可能性较大，促使消费者产生放弃购买的行为，降低购买意愿。

三、正面评论有用性

感知有用性属于认知类因素，技术接受模型分析感知有用性和感知易用性对消费者态度和行为的影响，目前已经在多个领域中应用。有学者将感知有用性定义为个体认为某种新系统、产品或技术能够提高自身工作效率的程度。彭柯等（2015）以数字阅读平台用户为研究对象，基于技术接受模型和信息构建理论探究其影响因素，研究发现，平台的感知有用性和感知易用性受系统特征、用户特征、行为特征和信息建构的影响，消费者对数字阅读平台的感知有用性越强，消费者越容易产生积极情感，形成良好的用户体验。李人杰等（2022）认为，在线学习中任务技术匹配越高，大学生对在线学习的感知有用性就越强，大学生使用在线学习的态度就越积极，使用意愿越强烈。严三九和郑彤彤（2022）以老年人为研究对象，分析对移动支付采纳意愿的影响因素，研究发现主观规范和感知易用性会影响老年人对移动支付的感知有用性，移动支付对老年人的有用程度越强，其采纳意愿更强烈。刘婷艳等（2022）将感知有用性界定为消费者对直播带货平台内容价值的认可程度和个体面对直播带货时心情愉悦程度等，消费者对直播带货平台的感知有用性越强，消费者使用直播平台，在其中的信息交互意愿越强。感知有用性表示消费者购买或使用该产品能够对自身产生的益处。方爱华等（2018）对虚拟社区用户的知识付费意愿进行分析，发现消费者对在线知识产品的感知有用性、风险感知、感知成本和感知信任通过影响价值感知，进而影响消费者的付费意愿，消费者对知识产品的感知有用性也可以直接影响其付费意愿。陈娟和李金旭（2019）基于技术接受模型分析大学生知识付费产品的偏好，研究发现知识付费产品的感知易用性和感知享乐性能够影响消费者对产品的感知有用性，进而影响大学生对知识付费产品的使用偏好。蔡燕和汪泽（2022）将感知有用性定义为学生通过直播学习对中文提升程度的感知，基于技术接受模型对直播学习意愿的影响进行研究，研究发现直播学习中感知互动性、认知风格和技术支持能影响用户的感知有用性，进而影响其学习意愿。在网购直播中，李连英和成可（2023）认为，感知有用性表示购买时的便捷性和高效性，其有用性越强，消费者的购买意愿越高。在线评论分为正面评论和负面评论，对于商家而言，正面评论有用性是提升消费者订购意愿的关键，因此本书以正面评论有用性为考察变量。正面评论有用性指消费者对产品正面评论的感知有用性。

四、参照群体规范

参照群体规范是指人们在不确定如何行动时，会观察并参照他人的行为，特别是参照那些被认为是符合规范的人的行为，以确定自己的行为。即一个人行为上的参照对象是他所属的群体，而非个人内在的信仰或个性特点。参照群体规范对个人的行为决策产生了深远的影响，尤其是在新领域或不确定的情况下，人们更有可能参照他人的行为以确定自己的行为。参照群体规范是人们行为的一种重要参考因素，它能够帮助人们适应社会、获得认同感，并使个体与群体之间建立更紧密的联系：在穿着打扮方面，一个人会参考自己所处的群体，如在某些职业场合，人们会穿着正式的服装以符合职业要求；社交礼仪方面，在社交场合人们的行为举止和言语会参考所属的社交群体，以符合社交礼仪；在消费习惯方面，人们的消费习惯也会受到所属群体的影响，如一些时尚群体会购买最新的时尚品牌，而一些环保群体则更注重购买环保产品。有研究对参照群体规范对家庭教养与青少年适应之间关系的调节作用进行调查，发现参照群体规范在家庭教育与青少年适应之间发挥着中介和调节作用，它能够缓解家庭教育对青少年适应的负面影响（Lissa 等，2020）。

在消费者行为研究领域，徐小龙（2012）探讨了信息性动机、社区认同、社区意识及群体规范是如何引发购买行为变化的，并发现群体规范—社区意识—规范性影响—购买行为变化的影响路径。陈凯和彭茜（2014）梳理了参照群体对绿色消费的影响，指出参照群体的规范会影响消费者的行为选择。王华和李兰（2018）对生态旅游环境友好行为意愿进行了研究，发现群体规范能够积极影响一般环境友好行为意愿和特定环境友好行为意愿。卢宏亮和沈慧慧（2022）提出群体规范调节了社会价值对认知吝啬和价格敏感度的效应。

五、自我展示

自我展示是指一个人有意识地向他人展示自己的形象和特点，以求得他人的认同和支持。自我展示是人际交往中的一种重要策略，可以通过言语、行为、服装、造型等多种方式实现。在社交互动中，人们会选择性地展示自己的某些方面，以期望影响他人的评价。同时，人们还会尽可能地掩盖自己的一些负面特征，以避免被他人拒绝或者遭受社会惩罚。自我展示在日常生活中随处可见，人们会通过自我展示来塑造自己的形象和获得他人的好感，如在社交媒体上发布照片和状态更新，以显示自己过着有趣、充实的生活；穿着时尚的衣服或品牌，以显示自己具有良好的品位和身份认同；在工作场所或学校穿着专业或时尚的服装，以显示自己具有能力和尊严；在会议或讨论中发表意见，以显示自己具有专业知识或领导才能；展示自己的特长或技能，如演奏乐器、绘画、跳舞或运动等。

Baumeister 和 Jones（1978）探讨了个人如何根据他人对自己的了解来调整自己的自我展示，提出了一致性和补偿的概念，指的是当人们的行为或属性已经为人所知或不确定如何被感知时，人们用来保持积极自我形象的策略。Leary 和 Kowalski（1990）回顾了有关印象管理的文献，并提出了印象管理的两个组成部分模型，包括自我展示和其他展示，描述了个人如何使用印象管理来影响他人对他们的看法，并增强他们的自尊心。

六、促销机会确定性

促销方式的多元化在各类行业，特别是在 2C 行业中表现突出，企业对于促销工具的使用得心应手。促销购买限制（限时促销、限量促销、人员限制促销)、概率性促销(抽奖转盘)、游戏性促销等都较为常见。企业通过对促销施加一定的条件,让消费者感觉到需要付出一定的成本和精力,或是符合某种稀有的条件来得到促销机会,这种相比"见者有份"的促销方式,更容易让消费者产生稀缺性的评价,引发预期不行动的后悔,从而促进了购买意愿,但也因为降低了促销机会的确定性,让消费者感受到了付出成本却得不到促销机会的风险。期望理论是一种解释人们如何作出决策的心理学理论,也被称为期望—价值理论。该理论认为,人们在做出决策时会考虑到期望和价值两个因素。期望指人们对于某种行为所期望得到的结果,如努力工作将会换来更多的收入。价值指人们对于这种结果的重视程度,如得到更多的收入来支撑家庭优先于其他的工作条件。期望理论认为,人们的行为选择取决于他们对于这种行为所期望得到的结果的看法和对于这种结果的重视程度。如果一个人认为通过某种行为可以得到他想要的结果,而且这个结果对他非常重要,那么他就更有可能去采取这种行为。期望理论可以用一个公式来表达,即激发力量(积极性)=目标价值(效价)×期望概率(期望值)。在旅游促销领域,期望理论可以用来解释促销如何影响旅行消费者的购买意愿和购买行为。例如,一个游客注意到广告宣传中的景点团购优惠力度非常有吸引力时,就会激发他进一步了解该旅游产品的信息;但当他发现取得这个机会的概率过低,付出时间精力不划算时则容易放弃。按照期望理论的观点,促销购买限制过于严格、促销方式带来的成本过高,可能降低消费者的期望,进而影响消费者的积极性,对订购意愿产生影响。

对于促销机会的确定性的研究,Laran 和 Tsiros(2013)提供了一个框架来预测不确定性何时会对涉及免费礼物的促销产生影响。当决策是认知性时,不确定性(如不知道将会提供哪种免费礼物)会降低购买的可能性,而当决策是情感性时,不确定性会增加购买的可能性。通过实证研究,作者指出感性决策让人们喜欢惊喜并欣赏购买过程中的不确定性,认知决策使得消费者偏向于尽可能多地了解产品信息,降低不确定性。Alavi 等(2015)研究价格促销背景下的一种赌博价格折扣。在这种促销中，促销的幅度取决于赌博的结果。他们探讨了这种赌博价格折扣是否会产生负参考价格效应，即客户内部参考价格的降低，并使用常规价格折扣作为对比。通过实证研究发现在常规价格折扣情境下，客户内部参考价格和实际回购低于在无折扣控制条件下的赌博价格折扣。此外，作者还探讨了这些影响的心理基础，并表明如果有关产品质量的信息有限，赌博价格折扣和常规价格折扣对客户内部参考价格的不同影响会更加明显。王国才等（2021）从框架效应理论出发，探讨了不同促销方式下促销购买限制对消费者购买意愿的影响，发现在赠品促销情境（对比折扣促销情境）下，限时促销比限量促销更能引起消费者的购买意愿，并挖掘了其心理机制，认为赠品促销作为收益框架促销，引发了消费者确保其收益的心理，人们倾向于选择机会更多的选项，因而促销机会的确定性中介了赠品促销方式下促销购买限制对购买意向的影响。

第六节　S-O-R 模型

S-O-R 模型（刺激—有机体—反应）（见图 2-1）源于行为心理学创始人 Waston 提出的 S-R 模型，其将个体的行为分解成刺激和反应两部分，主要用于解释刺激对个体行为和反应的影响，但该模型并没有解释个体的心理活动。基于此，1975 年，Belk 对该模型进行了修正，将 Organism（有机体）加入该模型，解释了个体反应与刺激的影响机制。认知主义学习理论将 S-O-R 模型中的刺激（S）解释为影响个体认知或情感活动的因素，有机体（O）是个体对刺激因素形成的认知状态或心理状态，将反应（R）定义为个体经过情感和认知过程后表现出的行为反应。S-O-R 模型更重视对有机体心理活动过程的分析和解释，因此该模型被广泛应用于市场营销研究中，用于解释消费者的购买决策过程。2009 年，科特勒将 S-O-R 模型用于消费者行为研究中，并在此基础上进行修改构建了消费者行为模型，详细阐述了消费者刺激、心理感知对个体行为的影响机制。

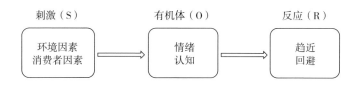

图 2-1 S-O-R 模型

S-O-R 模型被广泛应用于在线购物的消费者行为研究中。Wei 等（2019）认为影响消费者购买意愿的刺激因素为社交媒体和营销的表现特征，刺激因素通过影响消费者认知和情感进而影响其购买意愿。Friedich 等（2019）通过 S-O-R 模型分析消费者对在线网站用户黏性的影响，研究发现网站的特点丰富性能够影响消费者认知和情感，进而影响用户黏性。Li（2019）基于 S-O-R 模型探究了消费者社交购物意愿，发现社交商务结构在认知与情感状态方面对社交互动产生显著的正向影响。冯俊和路梅（2020）基于 S-O-R 模型分析直播情境下消费者行为，研究发现直播为消费者提供的社会临场感（共存临场、交流临场、情感临场）刺激消费者的情感体验（情感与心流体验），进而促进消费者产生冲动购买意愿。赵大伟和冯家欣（2021）研究发现在线直播中主播特质（互动性和专业性）作为外部刺激影响消费者的感知质量和风险感知，进而影响消费者的购买意愿。吴江和靳萌萌（2017）基于 S-O-R 模型对在线短租的消费行为进行分析，研究发现在线短租中，房源图片为消费者提供任务与情感的相关线索能显著提升其心理意象和感知诊断性，进而提高消费者的租房意愿。张蓓佳（2017）基于 S-O-R 模型探究在线退订政策对消费者订购意愿的影响，研究发现退订政策作为外部刺激能够影响消费者对产品质量的判断，进而影响消费者的购买意愿。何军红等（2019）认为，在线评论对消费者的购买意愿有显著影响，其中在线评论的数量和质量作为外部刺激促进消费者产生愉悦和唤起情绪，进而提升消费者的冲动性购买意愿。田甜（2021）

基于 S-O-R 模型深度剖析了消费者购买非遗文创产品的影响因素，研究结果发现享受价值、实用价值及销售行为正向影响消费者满意度，进而消费者满意度对非遗文创产品的购买意愿产生积极影响。尹梦然等（2022）将 S-O-R 模型用于探究中美冲突与新冠肺炎疫情对中国消费者国货品牌选择意愿的影响，结果表明，双重冲击正向影响消费者情感因素，国货品牌认同感与消费者效能感正向影响消费者国货品牌购买意向。王晰巍等（2022）整合了 S-O-R 模型与 MOA 理论，探析了用户辟谣信息传播意愿的影响因素，研究表明感知有用性、愉悦感和唤起这三个中介变量中，感知有用性对用户辟谣信息传播意愿的正向影响最显著，关系强度动机对用户愉悦感的正向影响最显著。

综上所述，本书基于 S-O-R 模型框架分别从产品介绍、在线评论、促销策略、退订政策对在线旅游产品订购意愿的影响构建了 4 个结构方程模型。

第七节　精细加工可能性模型

精细加工可能性模型又称详尽可能性模型（ELM）、双路径模型，是用于解释个体态度形成与改变和说服效应的模型。其中"精细"主要指个体对相关信息的思考程度，"可能性"针对的是个体接收到事物的相关信息后对其中的信息进行深度理解、仔细分析与思考的可能性。最早由社会心理学家 Petty 和 Cacioppo（1986）在总结了人们态度、认知形成和变化的相关理论的基础上，共同提出了精细加工可能性模型，他们认为消费者对事物态度的形成和改变不仅与事物本身有关，而且还与事物和外界环境的联系有关。精细加工可能性模型把态度改变归纳为两个基本途径，即中枢路径和边缘路径。中枢路径指个体通过对事物本身信息特征对事物进行深入分析与思考，通过该路径形成的认知和态度相对稳定。边缘路径指个体直接依赖事物本身的信息特征，通过分析与事物相关的信息特征、通过外部的启发式线索形成自己的认知，这种认知相对不稳定。该模型的基本原则为不同的说服方法依赖于对信息做精细加工的可能性高低。当精细加工可能性高时，中枢路径发挥主要作用。反之，当这种可能性较低时，边缘路径起主导作用。因此，相较边缘路径，通过中枢路径的个体需要识别更多的事物信息。精细加工可能性模型如图 2-2 所示。

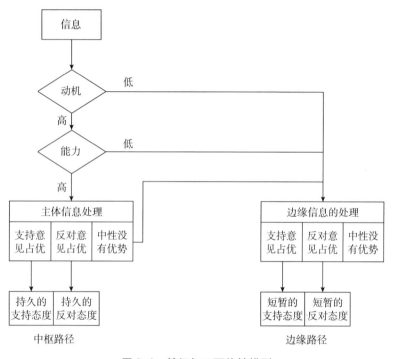

图 2-2　精细加工可能性模型

精细加工可能性模型能详细地阐明消费者说服和态度改变的过程，目前主要应用在信息传播、商业广告、电子商务、网站设计等领域。在电子商务领域，ELM 被广泛地应用于网络口碑、网络评论和消费者态度等研究领域。黄河和杨小涵（2021）通过精细加工可能性模型探讨了新能源汽车绿色逆营销广告对消费者态度的影响，研究发现论据框架、广告背景图片、广告呈现主体和环境卷入度均对消费者态度产生影响。周象贤（2008）研究了在精细加工模型视角下，广告幽默诉求对广告效果的影响机制。曾江洪等（2022）基于精细加工可能性模型探讨品牌推广的影响因素，研究发现消费者面对非企业店铺和融资金额较大的店铺时会同时启动中枢路径和边缘路径，面对其他项目则采用边缘路径。李琪等（2021）对电商直播观众进行分析，将信息质量作为中枢路径线索，将主播专业性、信任性、吸引力和观众卷入度作为边缘路径线索，分析信息线索对消费者购买意愿的影响。研究发现，中枢路径线索对消费者认知态度的影响更大。魏武和谢兴政（2020）将精细加工模型与满足理论结合，探讨了消费者线上知识付费产品需求、特征与购买意愿的内在影响机制。王亚妮等（2021）对在线评论进行分析，将信息特征作为中枢路径因素，评论者特征作为边缘路径因素。研究发现，评论信息特征（评论深度、长度、可读性和评论量等）和评论者特征（评论者专业性）对消费者的在线评论感知有用性产生影响。陈立梅等（2019）引入消费者态度、从众心理作为中介变量，认为评论质量、评论全面性作为中枢路径影响消费者态度，评论数量、评论者资信度作为边缘路径影响消费者从众行为。单春玲和赵含宇（2017）认为，高矛盾消费者主要通过中枢路径（评论质量）改变其态度，而低矛盾消费者主要通过边缘路径（评论数量）改变其态度。文红为和张成迪（2022）将关键意见消费者的推荐同质性、产品涉入程度和专业性作为影响消费者对体育用品购买意愿的中枢路径，推荐时效性和推荐信息的视觉线索作为边缘路径，研究消费者信息加工能力的差异，引起不同路径的选择。

因此，利用精细加工可能性模型分析在线信息对消费者的影响有一定适用性。本书参考现有文献，利用精细加工可能性模型探讨产品介绍和在线评论对在线旅游消费者感知和意愿的影响。

第八节　框架效应理论

框架效应（Framing Effect）是指人们在对客观上完全一致的问题有不同的描述，使得决策者考虑问题角度不同，导致不同的决策判断。基于框架效应这个大主题，针对各项社会化问题的不同角度展开研究，对框架效应的运作机制进行解释归纳得到相应理论。框架效应理论（Framing Effect Theory）是指人们在对信息进行判断、评估和决策时，会受到信息的表述方式的影响，从而导致不同的决策结果。此处的信息的表达方式就是所谓的框架。

框架效应理论在1981年由心理学家Tversky和Kahneman提出，他们认为，当同一信息以不同方式呈现给受试者时，会影响他们的判断和选择。例如，对于同一种药物的说明，将药物使用的效果表述为"治愈率为90%"与"失败率为10%"，虽然表述方式不同，但事实上传递的信息是一样的。但是如果个体更注重避免风险，那么他可能更愿意选择"治愈率为90%"这个正向的表述，如果个体更注重风险的评估，那么他可能更愿意选择"失败率为10%"这个负向的表述。这两种情境代表了框架效应理论的两种效应：正向效应和反向效应。正向效应指当信息以积极的方式呈现时，人们更容易对其持肯定态度；反向效应则指当信息以消极的方式呈现时，人们更容易对其持保守态度。框架效应理论对于市场营销和广告传播具有重要的启示意义，在营销活动中，正确地运用框架效应可以提高产品的销售量和品牌认知度，同时也可以帮助消费者更好地理解和评估产品信息。如从正向效应的角度来说，牙膏广告可以通过绿色、白色等元素强调健康牙齿和清新呼吸的好处，而不是口腔卫生不良的负面后果；从负向效应的角度来说，安全系统的广告可能会强调入侵的风险和不受保护的后果，而不是系统本身的好处；从目标框架的角度来说，健身产品的广告可能会将其作为实现特定健身目标的一种方式，如跑马拉松或减肥；从时间框架的角度来说，金融服务广告可能会强调为退休储蓄的长期利益，或每月口袋里有更多钱的短期利益。

Tversky和Kahneman在1984年之后进行的相关研究过程中，称这种影响决策的现象为"框架效应。"Ktihberger（1998）认为，框架效应理论是决策者在情景表征相同但表现特征不同时的不同理解和选择结果，换个角度来说，由于同一件事情的表述方式不一致，所以会让其他个体产生不一样的心理感受。

举个例子，假如有两个水果店，他们从同一家果农那里进货，A 店每斤 8 元，刷卡可以每斤便宜 0.5 元；B 店每斤 7.5 元，付现金就会每斤贵 0.5 元。虽然从理论上来说，两家店无论使用现金还是刷卡，都是一样的价格，但是大部分人会更愿意去 A 店，直觉上认为 A 店性价比更高，更加划算，这个就是所谓的框架效应。Ktihberger 对逃税和赌博等问题进行了相同信息的不同特征会不会影响决策的研究，从而认为框架效应是客观真实存在的，也从实验中更加简明地将框架效应解释为当决策者面对以不同方式表达的决策情境时，会产生不同的理解和选择结果的现象。而后，Ktihberger 和 Tanner（2010）针对"拯救鱼类""拯救森林"等情景也做了相似的实验，发现框架效应不仅能用在抵御疾病的选择上，还能用在上述的环境问题情景中，而且人们在做相应框架决策的过程中，更多考虑的是基于自己对信息要点的把控，而非依据期望价值来做选择，这对框架效应普遍存在的研究结论给出了进一步的证明。框架效应的普遍性不局限于某些领域的局部层次，也影响了各类人群。在心理学研究中，Kahneman 和 Tversky（1981）研究发现，不仅学生群体会受到框架效应的影响，专业的医生群体以及教师群体在做决策时也会受到框架效应的影响。此外，框架效应并不会消失，无论是在自己专业领域熠熠生辉的领军人物，还是其他各行各业的佼佼者，又或是聪慧敏锐、拥有远见的政治人物也容易受到框架效应的影响。

在对框架效应解释机制的研究中，多数依赖的是较早期的前景理论，但随着研究不断深入，框架理论逐渐表现出局限性，从而有研究者从多个不同角度进行修改和优化。Reyna 和 Brainerd（1991）提出的模糊痕迹理论在认知加工方面做出修正，他们认为，人们有模糊加工偏好，人们会将获取的信息进行简化，甚至模糊掉部分信息后，再来做推理和决策，"框架效应"的本质是人们在处理具体问题时，由于所处的情境不同而在认知和情感上对同一信息的加工方式不同，导致信息加工的困难，并由此产生一系列心理反应，主要表现为框架效应与框架依赖。双系统理论已经被广泛用于解释人类信息处理过程。

Mcelroy 和 Seta（2003）将双系统理论融入对框架效应的研究中，认为个体偏向于进行整体性/启发式的处理方式更容易受到框架效应的左右，框架效应是指当个体处在一个决策情景时，人们倾向于根据当前已知信息来对未来可能发生的事情进行判断，即认为某一事件的发生概率随着个体所处情境的改变，其核心机制是基于认知（信息处理）的自我一致性。反之，分析性/系统性决策的处理，则不容易甚至不受框架效应的影响。Gonzalez 等（2005）提出的认知—情感权衡模型认为，人们在有多个目标或准则来进行选择的过程中，会选择让自己付出的认知努力最小化和获得最良好的情感体验，这是权衡的结果。

框架效应理论在促销领域有许多聚焦消费者心理、行为的研究。王国才等（2021）根据框架效应理论，将赠品促销归类于收益性促销、打折促销归类于减损型促销，指出赠品促销情境下，消费者倾向于确保收益，因而更愿意选择限时促销；折扣促销情境下，消费者倾向于追求更高收益，因而更愿意选择限量促销。刘必强等（2022）将促销框架分为减损型框架和获利型框架两种情况进行比较，通过实证研究验证了旅游产品促销框架能够正向刺激消费者的购买意愿，将减损型框架与获利型框架比较发现，前者对于消费者的购买意愿有更大的影响，而这种效应受到价值感知的中介和调节导向的调节。张皓等（2022）对社交情境叙述作为视角，结合了广告信息框架进行了实证研究，发现交互情境下的广告采用社交损失框架有更大的说服力；而情境下的广告则采用社交收益框架为佳。盛光华等（2020）研究了促销信息框架对绿色购买行为的影响，将促销品信息框架分为折扣信息与赠品信息两种情境并进行对比，指出在进行绿色购买时，消费者对减损感知更敏感，从而更倾向于选择带来减损感知的折扣促销而非带来收益感知的赠品促销。罗津等（2020）研究了自我构建和促销框架的交互效应对价格不公平感的影响，提出促销框架对自我构建与公平感知间的效应有调节作用。

总体来看，框架效应理论被用于解释各种促销场景下消费者购买意愿、价值感知、感知公平的影响机理，其中减损型框架对比获益型框架是最为常见的比较方式，在不同的情境和调节因素下，两种促销框架信息对于购买意愿的影响呈现出差异，这种差异是框架效应理论研究的重点。

第九节　技术接受模型

技术接受模型（TAM）以理性行为理论（TRA）为基础，最早由美国密歇根大学 Davis 在 1989 年提出，该理论主要应用于预测信息技术的接受问题，是当前消费者接受信息系统研究领域中最有影响的理论之一。该模型延伸了态度—行为—意向之间的关系，认为系统的使用是由行为意向决定的，而行为意向又需要由行为态度和感知有用性共同决定，行为态度由感知有用性和易用性共同决定。技术接受模型由四个最核心的概念构成（见图 2-3）：感知有用性、感知易用性、使用态度、行为意向。感知有用性是个体认为使用某种信息系统或新技术能对预期工作效率与工作效益提高的程度，这个变量反映了个体认为系统或技术能给自己带来多大的好处。感知易用性被定义为人们在具体使用某一种技术系统时，对其使用的难易程度的感知，反映了用户感知到信息系统能使其减少所付出努力的程度。使用态度则是指用户面对新技术或者系统所呈现出的积极或消极的主观态度。行为意向指的是人们想要使用新技术或系统的意愿，也是主观的意向表达。

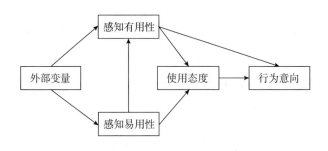

图 2-3　技术接受模型

技术接受模型被广泛用于消费者行为学研究领域（见图2-3）。Gefen等（2003）基于TAM模型对在线购物中的消费者信任影响因素进行了探究，研究表明消费者信任对于在线商务的重要性与广泛接受的TAM使用前因、感知有用性和感知易用性一样重要。Monn和Kim（2001）对技术接受模型进行了拓展，将趣味性作为反映用户对万维网接受度的内在信念的新因素引入。Yang等（2023）利用TAM模型分析了新兴市场消费者使用支付宝电子钱包系统行为的预测因素，研究发现感知有用性是消费者在新兴市场使用支付宝的最强预测因素，其次是感知易用性。Kaur和Soch（2021）通过将流动理论及其内在利益的维度纳入到技术接受模型中，探究了影响消费者采用移动购物意愿的因素，结果表明感知有用性直接影响了采用移动购物的意愿，移动购物的易用性进一步正向显著影响感知的实用性。张骏和周晓伶（2013）在经典的技术接受模型基础上进行拓展，构建了消费者接受网络团购的行为意向理论模型，结果发现，风险感知对网络团购态度产生负向影响，网购经验、可接触性、感知有用性、感知易用性对网络团购态度产生正向影响，而网络团购态度对行为意向产生正向影响。宁连举和张爱欢（2014）以技术接受模型为基础，探讨虚拟社区网络团购中，外部变量对消费者使用意向的作用机制，互动环境、信息有效性、产品质量和团购网站服务质量等感知易用性因子与互动频率、互动程度、信息有效性等感知有用性因子正向影响消费者使用态度，进而影响消费者使用意向。谢刚等（2015）以技术接受模型为基础，从个人因素和情境因素两个方面分析消费者微信营销接受度的影响因素，结果表明，情境因素风险感知削弱了微信营销接受度，两个个体因素——消费者创新倾向和网络隐私顾虑也会影响微信营销接受度。杨一翁等（2016）结合信息系统成功模型与技术接受模型，构建了购物网站服务质量、推荐系统质量和推荐信息质量对感知有用性、感知易用性和推荐采纳意向的影响模型，购物网站服务质量、推荐系统质量和推荐信息质量通过中介变量感知有用性与感知易用性最终影响推荐采纳意向；推荐信息质量对推荐采纳意向的总效应最强，其次为购物网站服务质量，最弱的是推荐系统质量。张欢和蒋雅文（2016）引入 TAM 模型，研究消费者网络购物行为决策的影响因素，结果发现大学生消费者在进行购物决策时，主要受到感知易用性和风险感知的影响，而感知有用性的影响不显著，感知易用性对于风险感知还有明显的抑制作用。郭英之和李小民（2018）基于技术接受模型与计划行为理论模型探究了消费者使用移动支付购买旅游产品意愿，发现使用态度、感知易用性、感知有用性、感知配合度、主观规范、个体移动性是影响使用意愿的重要因素。

第三章　在线旅游产品订购意愿影响因素探索性研究

第一节　研究设计与方法

一、研究方法

内容分析法是通过对文献内容进行客观系统的定量分析的科学研究方法（Krippendorff，2003）。该方法的研究过程包括根据研究对象构建分析框架、样本选取、编码、可靠性检验、分析及讨论研究结果等（郭俊华、徐倪妮，2017）。目前内容分析法的主要发展方向是网络信息内容分析，网络信息内容分析的主要对象是网站文本内容（王日芬，2007）。本章的考察对象是在线订购旅游产品消费者深度访谈的文本，因此本章在对在线订购旅游产品相关文献进行回顾的基础上，采用内容分析法，利用 Nvivo 11.0 软件，以与在线订购旅游产品消费者深度访谈的文本作为资料来源，对在线订购旅游产品影响因素进行探索性研究。

二、样本来源

随着在线订购平台的推广，参与旅游产品在线订购的消费者数量巨大。本章数据收集以网络平台为主，通过网络访谈获取主要数据。同时，为避免来源单一，笔者也进行实地访谈，便于对访谈信息进一步补充，提高文本信效度。

本书访谈来源有网络访谈和现场访谈两类。网络访谈，通过互联网对正在参与和参与过旅游产品在线订购的消费者进行深度访谈。旅游产品类型多样，通过互联网平台选择的目标用户具有典型性、多样性和代表性，这些用户具有丰富的在线订购的体验和经验，所收集的资料能够准确和有效地表达在线订购行为的影响因素，可以用于学术研究。现场访谈，为避免网络访谈中用户回答随意和不耐心导致数据缺失，本章还选取四川省成都市为案例地进行现场访谈。四川省成都市具有丰富的旅游产品，民宿、酒店、表演节目和文创产品等高质量发展，吸引了众多消费者前来旅游，且在线旅游发展良好。因此，本章以成都为目的地，选取其中消费者进行分析具有典型性，能够进一步充实网络访谈数据。

三、数据收集

本书从2022年6月至2023年3月一共收集了88篇网络访谈文本。为增强样本质量，笔者通过网络平台的相关报道和其他消费者的产品评价进行进一步收集，用于验证收集文本的准确性和代表性。同时收集了采访者的基本信息（消费次数、工作经历和社会身份等）。对收集文本进行反复比较，确定信息完整性和理论饱和性，最终选定86篇高质量访谈数据，共计40.3万字。

同时，为避免数据来源单一，笔者对团队成员6人进行培训，对成都市中心、景区等旅游热门地进行现场访谈，从2023年2月15日至2023年3月15日一共访谈了20位受访者。受访者选取遵循代表性、典型性和异质性：第一，受访者具有多次在线旅游产品订购行为，具有丰富经验；第二，受访者对订购体验有深入的思考；第三，尽可能收集不同类型的受访者，受访者可能因性别、年龄和产品需求的不同导致在线旅游产品订购类型、意愿和影响因素的不同，因此，笔者实地访谈确定受访者基本信息后，采用半结构化访谈，围绕"在线旅游产品订购"进行灵活提问，每位受访者访谈时间大于 30 分钟。最后通过产品评价和相关咨询报道进行文本补充，最终确定 15 篇高质量访谈文本，共计 8.73 万字。

最后，确定 101 篇访谈文本，共计 49.03 万字用于内容分析。为保证研究信效度，编码采用两位研究员同时对文本进行编码，通过 Nvivo 编码比较，确定文本编码的节点一致性在合理区间，保证研究信效度。

第二节　编码分析

本章利用 Nvivo 11.0 软件对所得数据进行整理分析，通过完成三级编码的过程形成各级范畴。一级编码，即开放式编码，通过对所得材料逐字逐句进行分析，从而形成初始范畴。二级编码，即轴心式编码，将所得的初始范畴进行分析，分类整理获得相应的副范畴和主范畴。三级编码，即选择性编码，主要是探究主范畴的相互关系，形成理论框架。

一、开放式编码

开放式编码是基于一定原则将原有数据资料进行拆分，随后根据其内涵进行归纳。在本次编码前需要阅读广泛的相关文献，才能完成从原始语句中提取概念，从而完成开放式编码，开放式编码表现为在 Nvivo 11.0 软件中建立自由节点，使用 S1，S2，…，Sn 表示，如 S1 产品属性数量。在整理归纳 101 位消费者的深度访谈资料后，得到 36 个初始范畴和 20 个副范畴，最终形成表 3-1。

表 3-1 开放式编码（示例）

原始文本（代表性语言）	初始范畴	副范畴
A68 三星堆博物馆外环境布局巧妙，匠心独具，有气势恢宏的仿古祭祀台和供现代文体活动的大型表演场；有古内风络的附属建筑群和功能齐全的餐饮娱乐设施；有绿茵如毯的三星堆青铜立人草坪、宽广明丽的水域湖面、造型别致的假山、古拙质朴的水车；还有供孩子们嬉戏游玩的儿童乐园。	S1 产品属性数量	产品介绍详尽度
A56 商家在介绍旅游产品时对于产品的功能就有很充分的讲解说明，对产品有了深入的了解后我就会果断购买。 A41 商家对于提供的亲子酒店服务进行了说明，表明能为孩子提供丰富的研学项目，这点我觉得很赞，这也是我马上下单的原因。	S2 单一属性详细化程度	
A22 有的商家对产品介绍非常清楚，还会在介绍末尾附一个与其他产品的对比介绍，我都不用再去特意寻找信息就能直接决定我要不要去购买。	S3 表达清晰	产品介绍认知流畅度
A35 网购真的什么都能看到，有的产品介绍前言不搭后语，只看一眼就感觉到这商家不靠谱，那东西我就更不想买了。	S4 逻辑严密	
A65 旅游产品信息介绍需要简明扼要，易于消费者理解，让消费者一看就能明白这是做什么的，我可以从中体验什么得到什么，这样的介绍就够了。 A35 介绍内容简单明了，一看就知，很容易明白。	S5 易于理解	
A1 找不到产品信息或我有什么疑问去找在线客服时，全是智能客服，回答的还特傻，就会固定的那么一两句。人工客服响应又很慢，等他回过来了，我东西都买好了。	S6 响应性	客服回复满意度
A12 在线客服还是蛮有用的，很多的东西介绍不完整，我去问客服，客服有时候还能给我附带图表介绍，我感觉很不错。	S7 准确性	
A15 客服也是人，有时候我特别生气但是客服回答的又很礼貌，主动帮助我解决问题，我反而会对这家店有好感，以后也会更愿意在他家买东西。	S8 主动性	
A91 很多时候买东西都会受到一些心理暗示，我觉得评论数量本身就是一个暗示，评论的人多了，证明这个东西经过很多人的检验，当然可靠。	S9 有效数量	评论数量
A58 订酒店我更喜欢在美团、携程、去哪儿和飞猪这几个平台一起，不仅是为了对比价格，也是为了看看其他消费者的评价，这样更客观。	S10 评论分布广泛程度	

续表

原始文本（代表性语言）	初始范畴	副范畴
A25 高质量的产品评论也就是精华评论，精华评论不是代表这个评论写的有多么好，而是能为消费者提供更多的参考。这样的评论应该对该产品有一个详细的描述，消费者通过这一个评论就能对产品有全面的了解。	S11 描述全面	评论质量
A89 评论中对酒店餐厅、娱乐设施、卧室和卫生间进行了详细的评论，并在评论中配相关图片，让我更加信服这个酒店的好评。	S12 理由充分	
A88 有时候会看到这家店有好多评论，但一点开就发现前文本结构一致，一看就是水军发的。	S13 文本相似性	评论雷同程度
A100 有的评论里面会有好多语言和图片一模一样的长评，一想都知道肯定商家给了好评返现。	S14 配图相似性	
A49 差评能不能信，就去看它的图片，如果图片里面能显示评论相关的内容，基本上信息就是真的，消费者也没有那么闲专门拍一个图片，上网吐槽。	S15 图片相关	差评与产品功能相关度
A25 很多评论让你看得非常迷惑，我看地方特色美食，结果评论里面写的真好用。牛头不对马嘴，不知道是商家刷单还是评论写错了地方，商家也不知道删一下。	S16 文字相关	
A23 遇到感兴趣但是风险很大、体验性很强的产品我更愿意去"问大家"那边询问，有时候会很快的得到回答，这个回答对我的影响非常大，几乎能决定我要不要购买。 A86 "问大家"这种提问其实很有用，可是这个问答回复过程太长了，等回答的这个时间我早决定要不要买了，如果其他用户能及时回复就好了。	S17 响应性	问答回复质量
A47 问答回复里面的内容大多数都是真实的，都是真实买家回答的，而且可以说是一种购后的使用体验。	S18 准确性	
A19 消费者更容易与消费者共情，遇到提问是自己关注的问题，很多消费者都愿意主动去回复。	S19 移情性	
A45 很多东西买的时候都没有考虑清楚，但是他优惠时间就那么一天，又觉得错过这次优惠下次还不知道什么时候。 A38 限时促销活动其实是最保险的，只要在活动时间购买就能完全确保自己获得商家许诺的优惠。	S20 限时促销	促销限制
A56 活动期间前 20 名订购酒店可以享优惠政策，有出游计划都会抢购，可以省很多钱。	S21 限量促销	

续表

原始文本（代表性语言）	初始范畴	副范畴
A88 618 经常都是五折起，活动期间订购更划算。	S22 打折促销	促销方式
A63 我特别喜欢各地文创产品，但是很少能直接接触到文创产品的制作过程，又一次偶然订购了一家民宿，民宿竟然赠送了我一个体验活动的机会，太惊喜了。	S23 体验赠品	
A33 旅游过程中最美好的是能遇到各种各样的人，体会不同的故事，还有更多的时间和朋友交流	S24 交互情境	社交情境叙述
A45 在购买旅游产品前，我会提前浏览相关的旅游博主，看她们在哪些景点拍照，我会打卡一样的地方，希望能拍出和她们一样美美的照片和视频。	S25 表现情境	
A5 有那种景区套票、机票+接送机、酒店+早午餐这种联合服务，算下来比单独购买要划算许多的我会更愿意去购买。	S26 价格优势	价格优势
A77 景区套票包括四个景点，但是因为时间原因，我根本没法在规定时间内好好逛完这些景点，并且时间非常紧张，有走马观花的感觉。	S27 时间紧迫感知	时间紧迫感知
A39 景区门票退订有限制条件，通常使用日期开始前 1 天 18：00 之前申请，不收取手续费；使用日期开始当天 10：00 之前申请，每张票收取 70.0% 的手续费；使用日期截止当天 10：00 之后申请，不可退。	S28 退订政策宽松度	退订政策宽松度
A93 看到酒店的介绍和向客服咨询后，我感觉这个旅游产品很吸引人，对得起这个价格。	S29 价值感知	价值感知
A26 看小红书上打卡景点我也想去，结果花了好多路费，去了那么远只能看一个景点。	S30 金钱损失风险	风险感知
A15 买产品最怕的就是出现质量问题，旅游产品没体验前很难知道质量好不好。	S31 服务质量风险	
A5 我平常不喜欢紧赶慢赶的做事，旅游更是。所以我订票或者订旅游团就不喜欢那种把时间限制得特别死的，旅行所有美好的时间全部用在赶路上，我都不能好好体会旅游的休闲之感。	S32 机会损失风险	
A23 旅游就是想好好的放松一下自己，所以能够提供一个舒适的环境就能很好的满足体验感，看了产品评论或者产品介绍，我会对某些旅游地产生非常浓厚的兴趣，觉得工作这么久去这些地方体验一下能够很好的放松身心。	S33 正面评论有用性	正面评论有用性
A23 与朋友同行去旅游，订机票、酒店肯定要尊重朋友意见。	S34 群体规范	群体规范

续表

原始文本（代表性语言）	初始范畴	副范畴
A93 我喜欢拍照，决定去哪之后都会按照当地风景特色购买相应的道具，更好的映衬我的形象，拍出美美的照片就好。	S35 自我展示	自我展示
A48 有时候促销的名额太少了，不一定能抢到。 A62 商家开展促销的时间点不确定，所以有时候很难遇到，所以很容易享受不到优惠	S36 促销机会确定性	促销机会确定性

二、轴心式编码

轴心式编码是在开放式编码所得的初始范畴的基础上，根据初始范畴之间的相似性、联系性进行分类整理，从而提取出主范畴和副范畴。笔者从开放式编码得到的 36 个初始范畴中整理得出 5 个主范畴和 20 个副范畴（见表 3-2）。

表 3-2 轴心式编码分析

主范畴	副范畴	副范畴内涵
产品介绍	产品介绍详尽度	产品介绍包括产品属性数量和单一属性详细程度
	介绍认知流畅度	产品信息介绍的容易理解性、逻辑严密性、表达清晰性
	客服回复满意度	客服回复的响应性、准确性和主动性等
在线评论	评论数量	产品评论的有效数量和评论分布的广泛程度
	评论质量	评论对产品的描述全面和理由充分
	评论雷同程度	评论文本和配图上的相似程度
	差评与产品功能相关度	差评中配图和文字与产品功能的相关程度
	问答回复质量	问答回复中回复内容的响应性、准确性和移情性
促销策略	促销限制	促销限制条件，如限时促销和限量促销
	促销方式	促销的方法，如折扣促销和赠品促销
	社交情境叙述	广告中描述多人同时在场的情境，主要分为交互情境和表现情境
退订政策	价格优势	消费者得到的价值高于付出的成本
	时间紧迫感知	消费者使用产品和服务的时间限制
	退订政策宽松度	消费者退订要求和限制的宽松程度

续表

主范畴	副范畴	副范畴内涵
消费者 心理感知	价值感知	对产品和服务效用的总体评估
	风险感知	人们对某特定风险的特征和严重性所做出的主观判断包括金钱损失风险、服务质量风险和机会损失风险
	正面评论有用性	消费者对正面评论有用性的感知
	群体规范	人们共同遵守的行为方式的总和
	促销机会确定性	消费者对促销机会确定获取可能性的感知
	自我展示	消费者通过旅游产品展示自我

三、选择性编码

三级编码，即选择性编码，主要是从获得的范畴中深入挖掘核心范畴"消费者旅游产品在线订购意愿的影响因素"，探究主范畴的相互关系，形成理论框架。研究基于20个副范畴和5个主范畴，在轴心式编码的基础上，通过系统分析副范畴和主范畴，分析范畴间的因果关系，将范畴联系起来，构建消费者旅游产品在线订购的模型（见表3-3）。

表3-3　典范关系举例

典型关系结构	关系结构内涵
产品介绍—消费者心理感知	产品介绍（产品介绍详尽度、产品介绍认知流畅度和客服回复满意度等）影响消费者心理感知。
在线评论—消费者心理感知	在线评论（评论数量、评论质量、评论雷同程度、差评与产品功能相关程度和问答回复质量）影响消费者的心理感知。
促销策略—消费者心理感知	促销策略（促销限制、促销方式和促销社交情境叙述）影响消费者心理感知。
退订政策—消费者心理感知	退订政策（价格优势、时间紧迫感知和退订政策宽松度）影响消费者心理感知。
消费者心理感知—订购意愿	消费者心理感知（价值感知、风险感知和正面评论有用性等）影响消费者订购意愿。

续表

典型关系结构	关系结构内涵
产品介绍—消费者心理感知—订购意愿	产品介绍影响消费者心理感知，进而影响其订购意愿。
在线评论—消费者心理感知—订购意愿	在线评论影响消费者心理感知，进而影响其订购意愿。
促销策略—消费者心理感知—订购意愿	促销策略影响消费者心理感知，进而影响其订购意愿。
退订政策—消费者心理感知—订购意愿	退订政策影响消费者心理感知，进而影响其订购意愿。

围绕主范畴，消费者在线旅游产品订购的故事线索概括为：在线订购中，消费者通过浏览产品介绍和在线评论获取相关产品信息，了解产品促销策略和退订政策获取相关优惠和保障信息，这些要素单独或共同影响消费者心理感知，进而影响消费者订购意愿。本章为构建在线旅游产品订购意愿影响因素模型提供了理论基础。

四、理论饱和度检验

结束访谈文本分析后，在线随机对5位消费者进行网络访谈，结合文本分析前随机抽取的4篇网络访谈文本和1篇现场访谈文本，用于检验模型构建的理论饱和度。研究发现，产品介绍、在线评论、促销策略、退订政策和消费者心理感知已经饱和，新范畴和范畴之间的关系并未增加，因此该研究要素和逻辑关系已经理论饱和。因此，笔者构建了在线旅游产品订购意愿影响因素模型。

第三节　影响因素探索性研究结论

本节根据开放式编码、轴心式编码和选择性编码得到了在线旅游产品订购意愿主要有产品介绍、在线评论、促销策略、退订政策和消费者心理感知五大影响因素。

一、产品介绍

产品介绍是消费者获取产品信息的主要来源，这类信息主要由商家主导，商家通过对产品信息的归纳和总结最终以图文等形式发表。本书通过编码提炼了产品介绍详尽度、产品介绍认知流畅度和客服回复满意度三个变量，三个变量均对消费者心理感知产生影响。

1. 产品介绍详尽度

产品介绍详尽度是对产品属性描述的完整程度和每一种属性描述的细致程度。在线购物中，商家提供的产品信息通常以文字和图片的形式来表达，有些会增加视频对产品进行动态展示。这类信息通常是消费者接收产品信息的第一来源，消费者对产品的认知和评价多受产品介绍的影响。"如果在产品详情页我可以得到所有需要的产品信息，那么不仅会节省时间，我的购买情绪更高。认真负责的商家会让我对产品也带有好感。"体现了产品介绍详尽度的重要性。产品介绍详尽度高表现为对产品描述深入细致，能够为消费者提供足够的信息。另外，产品介绍形式多样，大量的文字描述导致消费者不容易找到重点，且有些细节不适宜用文本进行描述，采用文本、图片和视频相结合的方式能更详细准确地表达产品细节。

2. 产品介绍认知流畅度

认知流畅度指个体自身感知其信息获取加工过程的难易程度。在线购物中，消费者接受的信息量大且内容繁杂，复杂的产品介绍会降低消费者的理解能力，降低消费者的心理感知。"有的产品介绍前言不搭后语，只看一眼就感觉到这商家不靠谱，我就更不想买了。"由此可见认知流畅度的重要性。尤其是在同类产品相似度较高，消费者对产品信息收集和处理能力较弱时，高认知流畅度的产品介绍更有助于消费者理解。有消费者提到："我最喜欢的还是商家直接把产品对比列出来，我不用一个一个产品对比，直接根据我需要的选择就好了"。

3. 客服回复满意度

购买产品时，消费者需要更多产品信息时会通过客服咨询，"在线客服还是蛮有用的，很多东西介绍不完整，我去问客服，客服有时候还能给我附带图表介绍，我感觉很不错"。体现了客服咨询对消费者的作用。本节通过编码分析得出消费者认为客服回复满意度存在三个维度：第一，响应性。有消费者认为："……人工客服响应又很慢，等他回复信息，我东西都买好了"。第二，准确性。有消费者认为"人工客服就是比智能客服要好，我问的信息能直接回答，不像智能客服，问来问去就那么几句话，不停地重复"。第三，主动性。有消费者认为"智能客服充分诠释了什么是戳一下，动一下，相比之下，人工客服的交流就主动多了。"目前在线购物平台中的客服分为人工客服和智能客服，通常是智能客服回答固定问题，智能客服因为回复机械无法满足消费者需求，只有消费者选择转接人工客服才能得到相应的回答，而人工客服因为工作时长等限制，也无法为消费者提供完全满意的服务。

二、在线评论

在线评论主要是消费者购买产品后或体验服务后形成的评价，主要通过文字和图片的方式展现，由于信息来源于其他消费者，即第三方，因此更真实可信，在线评论是消费者获取产品信息和产品体验的重要渠道，为决定是否购买产品提供信息基础。通过编码提炼了评论数量、评论质量、评论雷同程度、差评与产品功能相关度和问答回复质量五个变量，五个变量均对消费者心理感知产生影响。

1. 评论数量

"在一定程度上，评论数量代表产品销量，也代表产品质量。"由此可见评论数量的重要性。在本书中评论数量不仅表现为相关评论的总信息量，而且也表现为有效信息的总量。评论数量对消费者心理感知和订购意愿的影响非常大。一方面，该产品的评论数量越多，消费者认为其价值感知越高，对其购买兴趣和购买意愿更强烈。"我买东西愿意挑销量高的，评论数量多的。一般经过大多数人检验的产品都不会太差。"另一方面，评论数量多，代表能为消费者提供更多的产品信息和产品体验，降低消费者的风险感知。例如，有消费者认为"评论数量多的时候总会有那么一两条有用的评论，信息越多，我对这个产品了解越多，那我是否购买就更好决定了"。

2. 评论质量

评论质量直接决定评论对消费者的有效性，评论质量越高，消费者获取的产品信息越全面，该评论对消费者越有用。评论质量受多方因素影响：有消费者认为长评即高质量评论，"我买东西会选择看几条长评，长评一般对产品体验和功能描述得更为细致，看一条顶十条"。评论字数越多，对产品和体验的描述越细致，其参考价值越高；也有消费者认为评论中的含图数量影响评论质量，"评论写得很细致，但是提出的细节并没有附相应的图片，让我对这个评论产生怀疑，我还是更喜欢有图有细节的评论，可信度高，有用性强"。评论中图片能为评论内容提供补充和佐证，提高消费者的心理感知；此外，还有消费者认为，追评也能代表评论质量，"有的店里虽然评论数量不多，好的评论没几个，但是好多评论都有消费者进行追评，我觉得这也会给我产品功能不错的想法"。追评是消费者深度体验后对产品功能与服务的评价，更具有真实性，对消费者的说服能力更强。

3. 评论雷同程度

评论雷同程度指消费者对评论文本和配图的相似度感知，雷同程度越高，越容易引起消费者对评论来源的怀疑。而雷同程度较高的评论主要有三种来源方式：第一，消费者的默认好评。消费者购物体验结束后并未对产品功能与服务进行过多评价，出现默认好评。"有时候会看到一家店有好多评论，但一点开就发现前几页都是默认好评……"默认好评对消费者购买产品的影响无实际意义，很多消费者在看到默认好评会自动略过，只是增加评价数量，为商家获取更多热度。第二，商家购买水军。水军是导致评论雷同程度较高的主要原因，"评论里面好多一看就是假的，不管是描述还是图片都一模一样，估计是商家刷单了"。刷单会影响消费者对商家和产品的信任，怀疑产品描述功能的真实性，进而影响消费者行为。第三，消费者自发复制粘贴。这一类评论产生的主要原因是消费者为获取评论的奖励，但自己又不想详细描述，直接复制其他消费者的评论。"有时候会看到两三条一模一样的评论，大概率是复制粘贴的。我有时候想得好评积分也会复制别人的评论。"这类评论源于真实体验，但是过多的类似评论会降低消费者的信任感。

消费者对评论雷同的感知主要源于两方面：第一为文本相似性，消费者对产品功能和体验的文本描述雷同程度较高，即同一产品每个消费者的体验和关注点不会完全相同，如果两个或两个以上的评论包含内容非常相似会引起消费者的注意；第二为配图，消费者为提高评论可信度会发布图片，每个消费者发布的图片背景、角度和呈现效果等不会完全相同，相比文本消费者对图片的敏感度更高，更容易发现其雷同程度。

4. 差评与产品功能相关度

消费者对评论有用性判断的重要依据之一是该评论是否对产品功能和属性进行详细描述，评论字数再多描述内容与产品无关时，其评论对消费者也是无用的。"很多评论让你看得非常迷惑，我看地方特色美食，结果评论里面写的是真好用，牛头不对马嘴，不知道是商家刷单还是评论写错了地方，商家也不知道删一下。"由此可知，消费者认为评论描述与产品功能是否相关非常重要。相关是信息启动的关键，尤其是差评。一般情况，评论中适当的差评会增强消费者对评论真实性的认可，反而会增强消费者的购买意愿。但差评的内容与产品功能相关度非常高时，负面影响则很大。"电商竞争激烈程度与实体不相上下，有些商家都会给竞争对手刷单，刷差评，只要有那么几条明显和产品功能相关的差评，或者差评太多直接把店铺评分拉下来，商家销量立马受到影响。"差评对消费者影响较大，尤其是差评与产品功能相关程度非常高时，消费者可能因为差评降低购买意愿。

5. 问答回复质量

在线购物中的问答回复以淘宝"问大家"、京东"问答"、拼多多"商品答疑"为主，这类问题不同于在线评论的单方面分享和客服回复的商家与消费者的互动，问答回复是消费者之间的互动，消费者主动通过提问随机邀请另一位已经购买和体验的消费者进行回复，这类回复传递的产品信息来源更可靠，信息内容更真实，消费者对其信任度也更高。"特别是主观体验强的产品，我觉得产品介绍和评论滤镜和加工太强了，有时候没办法获得真实的信息，我就会用淘宝的'问大家'，一般这种回复更真实。"相比在线评论和产品介绍，问答回复信息获取难度大，消费者普遍认为问答回复等待时间长，响应性较低。"'问大家'这种提问其实很有用，可是这个问答回复过程太长了，等回答的这个时间我早决定要不要买了。"因此，问答回复是影响消费者购买意愿的重要因素，但是因为使用频率较低、等待时间较长等问题可能导致问答回复对部分消费者影响较小。

三、促销策略

在线购物中，促销策略对消费者的影响非常显著，促销策略也成为企业刺激消费者，提升销售额的重要手段。促销策略较多，商家根据产品类型、节日活动等因素选择一种或多种组合的促销手段，刺激消费者。例如，"旅游产品也可以在'双十一'和'618'这种大型活动中订购能享受额外优惠"。由此可见，促销策略对消费者购买刺激非常显著。本节通过编码提炼了促销限制、促销方式和社交情境叙述三个变量，三个变量均对消费者心理感知产生影响。

1. 促销限制

促销限制主要通过对产品优惠做出一定限制，引起消费者的紧迫感，从而刺激消费者，促进消费者的购买意愿。促销活动中，促销限制主要分为两种：限时和限量。商家根据产品特征和活动类型选择不同的促销限制，影响消费者的心理感知。例如，有消费者认为限时会引起消费者的时间紧迫感，消费者为确保获取优惠政策而选择立即购买。"很多东西买的时候都没有考虑清楚，因为他优惠时间就那么一天，又觉得错过这次优惠下次还不知道什么时候。"限量政策对产品限制了活动数量，特定的产品特定的数量才能享受活动，活动中的不确定性引起消费者对产品稀缺的感知，促使消费者的购买行为。"有的酒店会定时发布一定量的优惠券，如果我有出游的打算，那么看到这种优惠券一定会抢的。"

2. 促销方式

常见的促销方式可以分为获益型促销和减损型促销两种，两者皆会对消费者产生重要影响。获益型促销主要表现为商家为消费者提供相应的赠品，同样的价格消费者能获取价值更高的产品和体验，从而激发消费者的价值感知。而减损型促销主要表现为商家通过打折、满减等活动，消费者购买与往常一样的产品付出的实际金额较少，会降低消费者的风险感知。两种促销方式都对消费者的心理感知产生影响，进而提升消费者的购买意愿。实际上，促销活动中促销方式与促销限制往往同时采用对消费者的影响更为明显。例如，"我更喜欢限时促销活动的时候买，一般这个时候商家还会给些赠品，算下来比打折要划算得多""每年商家搞活动都会有打折促销限量抢购，我都要定闹钟去抢购，竞争很激烈，但感觉非常值。"

3. 社交情境叙述

社交情境是指因人们共同存在而构建的一种情境，这种情境不需要参与者之间的直接互动也成立，社交情境叙述能够引发消费者认知与共情。社交情境叙述可以分为交互情境和表现情境。在交互情境中，消费者更关注双方交流与互动。有消费者提到："旅游过程中最美好的是能遇到各种各样的人，体会不同的故事，还有更多的时间和朋友交流"。在表现情境中，消费者的关注点更多聚焦于自我展现，消费者希望能在旅途中或社交平台上通过一定方式展现自我。此时消费者更加理性，有消费者提到："在购买旅游产品前，我会提前浏览相关的旅游博主，看她们在旅游过程中有什么旅游好物，我希望能拍出和她们一样的照片和视频，所以也会购买相似的产品"。

四、退订政策

消费者根据自身偏好、可支配时间等因素对自身旅游计划提前安排，通过在线订购平台提前预订，但因为受消费者自身或客观因素影响，旅游日程并不是完全按照计划进行的，经常出现临时退订和退改等问题。不同宽松度的退订政策对消费者订购旅游产品的影响非常大，太过严格的退订政策会让消费者感知较大的风险，减弱甚至打消预订旅游产品的意愿。"订酒店时我发现有的酒店直接规定不能退，万一我有什么事没有住酒店，住宿费还得花，有的酒店倒是允许退，但是要求非常苛刻，还有退订费，都退不了多少钱了。"由此可见，退订政策会影响消费者订购意愿。本节通过编码提炼了价格优势、时间紧迫感知和退订政策宽松度三个变量，三个变量均对消费者心理感知产生影响。

1. 价格优势

旅游进程中，经常多个景区联合在线上开展套票售卖，套票将多个景区门票组合到一张门票上，消费者可凭借一张门票进入多个景区，且其总价格要远低于多个景区门票相加之和，两者相差即为套票的价格优势。套票的价格优势越高，消费者对其价值感知越高，进而影响消费者的购买意愿。消费者对旅游产品价格优势的识别非常敏感，"有那种景区套票、机票+接送机、酒店+早午餐这种联合服务，算下来比单独购买要划算许多，我更愿意去购买"。还有消费者提到："很多时候购买了很多景点联合的套票，就算本来不打算去其中一两个我也愿意购买这种套票，价格便宜，就算少去一两个景点也还是划算的。而且方便，不用频繁地在网上订购，也不用担心买迟了今天景点没票了"。由此可见，旅游产品中的价格优势对消费者非常重要。

2. 时间紧迫感知

旅游是消费者需要耗费时间、精力和金钱的一项活动。消费者购买的景区套票虽有极大的价格优势，但往往因为旅游景点过多，消费者时间和精力有限，无法完全浏览所有景点，消费者的时间紧迫感知增强，导致消费者满意度下降。有消费者提到："别看景区套票便宜，但是它所有景点的浏览时间只有一天，你根本没办法全部体验，算下来你是花了四个景区的钱买了五个景区的门票，但实际上只体验了三个景区，最后又累又赶，没有时间好好体验，根本不划算"。时间紧迫感的产生会引起消费者的负面情绪，进而影响消费者的重购意愿。

3. 退订政策宽松度

相较于实物购买，旅游产品具有不可储存性和无形性，对消费者的退订时间有更严格的要求，旅游产品的退换需要更多的成本，消费者的风险感知更大，严格的退订政策会增强消费者的风险感知，消费者考虑到退订产生的较大成本会降低购买意愿。而宽松的退订政策意味着消费者的购买风险较低，消费者可以根据自身需求选择退订，需要付出较少成本，入住前一天免费退订和无退订手续费这类政策都能有效降低消费者的风险感知，提高消费者购买意愿。"订酒店时我一般会看是否有退订费用，这样有问题时我可以直接退换。"但是，宽松的退订政策虽降低了消费者对产品和服务的风险感知，但可能会增加产品退订率，增加商家机会成本，退订政策的宽松度成为一种博弈问题。

五、消费者心理感知

心理感知是消费者在购买过程中受外部信息刺激而产生的主观感知，不同的外部信息对消费者的影响不同，导致不同的心理感知，进而影响消费者的购买意愿。本节通过编码提炼了价值感知、风险感知、正面评论有用性、群体规范、自我展示、促销机会确定性六个变量，六个变量均对消费者订购意愿产生重要影响。

1. 价值感知

价值感知是消费者获得产品和服务的过程中，权衡所得利益和付出成本之后对产品和服务效用的总体评估。价值感知根据消费环境、消费者认知和消费经验等差异，形成不同的价值感知维度，在产品介绍中，消费者认为产品介绍可以影响其质量感知，"产品介绍对我还是非常重要的，判断产品质量和产品功能主要靠产品介绍"。产品介绍也包括价格和相关服务等，可以影响消费者对旅游产品的经济实惠程度感知，进而影响消费者对旅游产品的价值感知。在退订政策中，消费者的价值感知会受到多个因素的影响，有消费者提到："我更愿意去买景区套票，比购买多个门票有价格优势，非常值!"也有消费者提到宽松的退订政策能增加消费者的价值感知，进而增加消费者的购买可能性。

2. 风险感知

旅游产品在线订购中，消费者的风险感知是消费者购买过程中主观感知到的风险，风险感知较大，意味消费者承担的风险更大，出于规避风险，风险感知增强时消费者的订购意愿就会降低。在线购物中，消费者面临的风险种类繁多，产品质量是消费者购买关注的核心内容，对于旅游产品，服务质量风险是消费者风险感知的重要维度，有消费者提到："买产品最怕的就是质量问题"。消费者还会面临金钱损失风险，线上购物中产品价格变动频繁，消费者可能因价格波动等原因造成经济损失，消费者对价格波动非常敏感，一些在线购物平台为降低消费者的金钱损失风险提出价保服务，即消费者在购买产品一定期限内发现产品价格比消费者原购买价格更低时可以申请差价退还，以降低消费者的金钱损失风险。但是价保服务提供较少，目前消费者面临的金钱损失风险还是较大。"双十一价格优惠不如前几年明显，活动第一天购买产品的价格反而还会比活动后购买的要高，针对价格波动较大的产品，我都倾向于买有保价的东西。"

此外，旅游产品在线订购中消费者还会产生机会损失风险。在旅行中，往往因为时间、金钱和体力等因素，仅能选择有限的旅游产品，消费者经常会担心选择的旅游产品体验感不好而浪费时间，损失了体验其他旅游产品的机会。

3. 正面评论有用性

正面评论有用性是消费者对旅游产品正面评论的感知有用性，对于商家来说只有当正面评论发挥作用才会对产品销售产生良好的影响。因此，本书讨论"正面评论有用性"。有消费者提到："产品功能、质量好不好，有没有用基本从评论里就能看出来，特别是那种优质长评，内容丰富，对产品描述细致，非常有用"。此外，评论者也会影响消费者对产品的正面评论有用性，"我更信任高信用等级消费者写的产品评论"。当消费者对产品正面评论的感知有用性较高时，消费者的采纳意愿、购买意愿更强。

4. 群体规范

群体规范指个体所在的群体对成员心理、观念和行为设定的一种期望和规范，对个体行为的实施产生影响。一方面，在线购物中消费者对产品和服务的认知基本源于产品介绍、产品评论和其他人推荐等方式，相熟朋友的推荐和产品介绍对消费者而言更为可靠和真实，消费者的认知受群体成员的影响。有消费者提到："产品的评价和体验最可靠的还是熟人，关系特别好的朋友是真心想把自己觉得不错的东西推荐给你，比不知来源和目的的评论和推荐靠谱多了"。另一方面，在旅游过程中，消费者所在群体都对产品和服务进行推荐，或大部分的成员均购买了产品时，基于群体规范和从众心理，消费者也会愿意购买与成员一致的产品。有消费者提到："与朋友同行去旅游，订机票、酒店肯定要尊重朋友意见。"

5. 自我展示

旅游产品不仅是消费者的使用和体验，随着社交网络的发展，众多消费者购买旅游产品用于自我展示，旅游产品的独特特点有助于消费者在社交网络展示自我形象，吸引其他人的注意力。首先，不同于其他产品，消费者希望从旅游产品中获得更多不同于日常生活的体验。有消费者认为："出去旅游，更多的是去体验与众不同的事物，享受不一样的民风民俗。穿一穿特色民族服饰，体验不一样的生活。"其次，消费者购买旅游产品更多地用于社交网络和旅游途中的自我展示，吸引其他游客的注意力，展示消费者自我形象。有消费者提到："我喜欢拍照，出去旅游当然要拍出美美的自己啊。"

6. 促销机会确定性

　　旅游产品在线销售中为消费者提供各种类型的促销活动，以期提高消费者的购买意愿，同时促销活动有多种限制，消费者并不能完全保证自己购买的旅游产品能够享受促销策略，获得促销机会。例如，限量促销中，商家提出前100件享受购物折扣或礼品赠送，但消费者购买时，不能完全确定自己是否能享受促销策略。有消费者提到："限量享优惠的活动我一般在活动开始的时候参与，因为我必须要确定我能享受到折扣"。在线购物中经常会出现随机优惠活动，随机减免、随机送奖，这类活动一般优惠巨大，但是获得的概率非常小，当消费者感知获得机会确定性较小时，参与意愿就降低了。有消费者提到："经常有活动通过随机抽取免费酒店、免费门票的名额，那种活动看着奖励很丰厚，其实你得到的机会很小，和买彩票差不多了，根本没有参与的必要"。

第四章 产品介绍研究

基于第三章的在线旅游订购意愿影响因素探索性研究的结果，根据 S-O-R 理论、精细加工可能性模型，本章探讨产品介绍详尽度、产品介绍认知流畅度、客服回复满意度对在线旅游产品订购意愿的影响及作用机理，为合理进行产品介绍提供方法指导。

第一节 理论模型与研究假设

一、产品介绍详尽度对价值感知和风险感知的影响

在线购物中，消费者与产品之间的空间和时间距离较大，消费者难以直观地感受产品，因此在线购物中消费者多依靠信息线索（店铺的产品介绍和买家评论等）来判断产品质量（王亭亭，2021）。其中，店铺对产品介绍是消费者获取线索的重要来源。产品介绍包括文字、图片和视频等多种方式，文字精准地表述产品参数和规格，图片平面展示产品形状和颜色等属性，视频则直观展示产品使用和功能，增强产品真实感。丰富的视觉线索不仅能弥补消费者的触觉缺失，为消费者提供生动的产品体验，吸引消费者兴趣，而且还能更方便

地使消费者深入了解产品信息，提升消费者对产品的价值感知（Lu 等，2018）。此外，产品介绍详尽度越高，产品描述越细致，消费者感知的真实性越强，越有利于消费者价值感知的提升（关辉、吴洪炜，2021）。在线购物平台为消费者提供的产品介绍详尽度越高，消费者更能全方位了解产品信息，获取更大的价值感知。

在线购物中，消费者的风险感知主要源于产品不确定性，不确定的主要原因是消费者获取信息不足。产品信息描述中的内线索（产品性能等）和外线索（产品广告等）是影响消费者购买的重要准则。所以，在线购物平台上的产品介绍是消费者的重要信息来源，当产品介绍（价格、质量和服务等）全面时，能为消费者提供更多的参考价值，降低消费者风险感知（邵兵家、鄢智敏，2006）。同时，相较传统购物，在线购物中，消费者认为自己与商家存在的信息不对称较大，当商家为消费者提供足量信息时，能弥补两者的信息不对称，进而降低消费者的风险感知。因此，提出如下假设：

H1：产品介绍详尽度正向影响消费者价值感知。

H2：产品介绍详尽度负向影响消费者风险感知。

二、产品介绍认知流畅度对价值感知和风险感知的影响

认知流畅度指消费者感知获取信息和处理信息的难易程度，高认知流畅度意味着获取信息难度小，信息更容易被加工，便于消费者快速和顺畅地整合和理解信息，更有利于产品价值的传递，加强消费者对产品的价值感知（孙瑾、苗盼，2018）。此外，认知流畅度能促进消费者产生积极的态度，进而提升价值感知。价值感知由消费者预期收益和付出成本的差距决定，当消费者面对高认知流畅度的产品信息时，仅需要较少的时间和精力就能获取充足高质量的信息，付出的时间成本较少，消费者的价值感知增大。

根据精细加工可能性模型，产品介绍认知流畅度较高时，消费者更多地进入边缘路径，采用启发式系统（直觉思维），这种无意识的思考占用的心力资

源较少，而认知流畅度较低时，消费者更多采用中枢路径进行信息分析，这种信息分析不仅耗费更多的心力资源，信息处理过程缓慢，并不断地对信息进行推理、判断与权衡，增强消费者的认知负荷和风险感知（谢光明等，2022）。消费者认为被高流畅度信息的刺激而产生的风险更小。根据信息加工理论，较高的认知流畅度能显著提高个体对信息处理对象的评价，有助于个体的理解，促使个体产生积极情绪，强烈的积极情绪能降低消费者的风险感知。钟科和何云（2018）实现研究也证实了高认知流畅下消费者处理信息难度和成本较小，为消费者提供决策依据并降低其风险感知。因此，提出如下假设：

H3：产品介绍认知流畅度正向影响价值感知。

H4：产品介绍认知流畅度负向影响风险感知。

三、客服回复满意度对价值感知和风险感知的影响

在线客服回复满意度体现在客服的响应性、解答问题的能力和服务态度等方面，在线客服的存在方便与消费者及时沟通，及时解答消费者的疑问，为消费者获取相关信息，弥补消费者在产品信息获取中的不足，增强消费者感知真实性有利于消费者价值感知的提升（曾慧等，2014）。客服回复具有互动性，消费者与客服的互动能直接影响社交体验，良好的社交体验能提升消费者社交价值感知（贾哲、魏志茹，2022）。消费者价值感知受互动性影响，消费者与客服的互动能够有效传递产品信息，增强消费者对产品的了解，提升消费者对产品效用价值的感知（刘必强等，2022）。此外，服务质量是消费者价值感知的重要驱动因素，在线客服回复满意度是对客服服务质量的评价，服务质量越高，消费者的价值感知越大（高跃，2016）。

客服回复是消费者与在线购物之间的互动，互动的主要目的是通过消费者咨询，客服答复获取相关的产品信息。两者的互动能有效减少消费者的风险感知，一方面，消费者与客服的互动增强了双方熟悉度，提升消费者信任，降低消费者的感知不确定性（赵宏霞等，2015）。另一方面，良好的互动结果是消

费者获取足量的产品信息，将产品特征与自身需求进一步匹配，降低产品不确定性，能够避免因信息不足而产生的购买风险，降低消费者风险感知。此外，客服回复满意度体现了消费者感知的客服服务质量，服务质量是影响消费者认知和情感的重要因素，服务质量越高，消费者对购物平台和店铺的感知质量越高，对在线购物的风险感知越低（冯俊、路梅，2020）。因此，提出如下假设：

H5：客服回复满意度正向影响价值感知。

H6：客服回复满意度负向影响风险感知。

四、价值感知对订购意愿的影响

价值感知是消费者的主观感受，即消费者在获得产品和服务的过程中，权衡所得利益和付出成本之后对产品和服务效用的总体评估，评估结果将影响消费者的意愿与行为。基于理性层面，消费者获得高价值感知表示消费者认为自己将获得较高的净收益，从利益得失权衡角度出发，消费者追求利益最大化，则会增强订购意愿。高跃（2016）认为，在线购物中，在线客服服务质量正向影响消费者价值感知，价值感知正向影响消费者订购意愿。根据社会认知理论，在线购物模式下，价值感知能促进消费者浏览和分享行为，有利于加深消费者对产品的认识，产生积极态度，提高消费者购买意愿（李垚、方和远，2020）。综上所述，众多学者认为任何购物环境下，消费者价值感知越高，其订购意愿越高。因此，提出如下假设：

H7：消费者价值感知正向影响订购意愿。

五、风险感知对订购意愿的影响

风险感知是影响消费者意愿和决策的重要因素之一。风险感知主要源于消费者对目标、产品和结果的不确定。相较于传统购物，线上购物中消费者与产品有时间和空间上的距离，缺乏真实感，一方面，产品的不确定性加强了消费者的风险感知。另一方面，在线购物使消费者的交易成本变大，导致消费者的风险感知增强（刘蕾、吴少辉，2017）。基于理性层面，风险感知大意味着消费者产生损失的可能性大，理性消费者会选择损失最小化，降低自身订购意愿。因此，提出如下假设：

H8：风险感知负向影响订购意愿。

六、价值感知的中介作用

基于 S-O-R 模型，结合上述研究，第一，在线购物环境下，消费者受到购物平台提供的产品介绍刺激，其中包括以文字、图片和视频等形式的产品介绍，产品介绍越详尽，消费者价值感知越高，订购意愿就越强烈；第二，消费者在处理产品介绍的信息时，高认知流畅度的产品介绍有利于消费者快速整合和处理，方便产品价值传递，提高消费者的价值感知，进而增强其订购意愿；第三，在线购物中，客服发挥着重要作用。客服通过与消费者互动建立良好互动关系，增强消费者信任。另外，还可以通过回复为消费者提供更多产品信息，提高消费者对产品的价值感知，提高其订购意愿。因此，提出如下假设：

H9：价值感知在产品介绍详尽度影响消费者订购意愿中发挥中介作用。

H10：价值感知在产品介绍认知流畅度影响消费者订购意愿中发挥中介作用。

H11：价值感知在客服回复满意度影响消费者订购意愿中发挥中介作用。

七、风险感知的中介作用

结合上述研究和 S-O-R 模型可知：第一，消费者的风险感知主要源于目标、产品和结果的不确定性。当在线购物平台的产品介绍中信息展现不够全面，无法为消费者提供参考价值时，消费者对产品和结果的不确定性增强，提升了消费者的风险感知，包括财务风险和质量风险等，进而降低自身的订购意愿。第二，当产品介绍认知流畅度高时，消费者处理和整合信息高效，有助于个体产生积极情绪，降低风险感知，基于利益最大化，消费者的订购意愿增强。第三，高客服回复满意度表示消费者与客服产生良性互动，能有效降低消费者感知不确定性，为消费者提供了足量信息降低消费者风险感知，进而提升消费者订购意愿（见图4-1）。

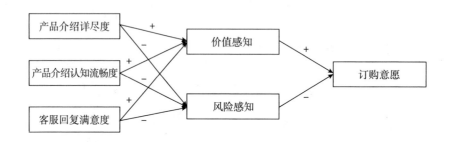

图4-1　产品信息呈现对消费者订购意愿影响模型

因此，提出如下假设：

H12：风险感知在产品介绍详尽度影响消费者订购意愿中发挥中介作用。

H13：风险感知在产品介绍认知流畅度影响消费者订购意愿中发挥中介作用。

H14：风险感知在客服回复满意度影响消费者订购意愿中发挥中介作用。

第二节　研究设计

一、问卷设计

问卷设计分为两部分。第一部分为被试背景资料，用于收集受调查者的性别、年龄、学历、收入，以反映样本统计学特征。

第二部分为变量测量，该部分采用 Likert 7 级量表的方式，1 表示"非常不符合"，7 表示"非常符合"，要求受调查者选择题项描述的符合程度，以产品介绍详尽度、产品介绍认知流畅度、客服回复满意度、价值感知、风险感知、旅游产品订购意愿6个变量。在变量测量方面，主要通过借鉴已有成熟量表，并根据研究对象的差异性对表述语句进行了适当修改，使其更适应本章节的研究情景和研究对象的特征且不丢失重要信息。

产品介绍详尽度的3个测试题项主要来自包敦安等（2011），产品介绍认知流畅度的3个测试题项主要来自卢兴等（2022），客服回复满意度的3个测试题项主要来自高跃（2016），价值感知的3个测试题项、风险感知的3个测试题项和旅游产品订购意愿的3个测试题项主要来自 Naylor 和 Frank（2001）和赵琴琴等（2016），共计18个测试题项。

二、数据收集

本次调研发放调查问卷，共收回问卷320份，剔除完成时间明显低于平均完成时间的调查问卷后，确定了312份有效问卷，有效率为97.5%。在被调查者中，男性152人（49%），女性160人（51%）；其中年龄19岁及以下24人（8%），20~39岁115人（37%），40~59岁102人（33%），60岁及以上71人（23%）；学历专科及以下66人（21%），大学本科115人（37%），硕士及以上131人（42%）；月收入5000元及以下37人（12%），5001~10000元95人（30.4%），10001~30000元141人（45.1%），30001元及以上39人（12.5%）。

第三节　数据分析

一、量表检测

本节使用 Smart-PLS 3.0、SPSS 24.0 软件进行统计分析。量表信度分析结果显示，所有 Cronbach's α 值均大于 0.7，整体为 0.816，表明内部一致性较好。KMO 值为 0.857，大于 0.7。量表效度检验：①内容效度。本节量表测试题项均来源于成熟量表，根据研究对象做出适当的调整后通过了初测，因此量表具有较好的内容效度。②构建效度。构建效度包括收敛效度与判别效度。

所有题项因子载荷均大于 0.6；组合效度均大于 0.7；平均变异抽取量均大于 0.5，量表具有较高的收敛效度。变量测度及指标结果如表 4-1 所示。

表 4-1　变量测度及指标结果

变量	测试题项	因子载荷	CR	AVE	Cronbach's α
产品介绍详尽度（EL）	EL1 从该旅游产品介绍的信息中，我能了解该旅游产品的具体情况	0.948	0.947	0.858	0.917
	EL2 该旅游产品介绍的信息所包含的旅游产品属性很全面	0.884			
	EL3 该旅游产品介绍的信息有足够的宽度和深度	0.945			
产品介绍认知流畅度（CF）	CF1 该旅游产品介绍是容易理解的	0.890	0.929	0.813	0.885
	CF2 该旅游产品介绍是逻辑严密的	0.921			
	CF3 该旅游产品介绍是表达清晰的	0.894			
客服回复满意度（SA）	SA1 在线客服可以为我提供及时的服务	0.945	0.966	0.904	0.947
	SA2 在线客服会主动了解我的需求	0.952			
	SA3 在线客服能准确解答我的疑问	0.955			
价值感知（VP）	VP1 订购该旅游产品会"物有所值"	0.988	0.992	0.977	0.988
	VP2 同我花的钱和投入的时间相比，我得到的会更多	0.991			
	VP3 该旅游产品是"超值"的	0.986			
风险感知（RP）	RP1 订购该旅游产品我担心不划算	0.983	0.941	0.842	0.906
	RP2 我担心购买该旅游产品会导致时间浪费	0.954			
	RP3 我对该旅游产品的体验质量有些担忧	0.975			

续表

变量	测试题项	因子载荷	CR	AVE	Cronbach's α
订购意愿（OI）	OI1 我觉得我会选择购买该旅游产品	0.881	0.980	0.943	0.970
	OI2 如果我购买了该旅游产品，我不会后悔	0.855			
	OI3 同订购其他旅游产品相比，订购该旅游产品是我更好的选择	0.867			

所有潜在变量的 AVE 平方根值均大于其所在行与列潜变量相关系数绝对值，量表通过了判别效度检验，检验结果如表4-2所示。

表4-2　判别效度检验结果

变量	Mean	SD	VP	CF	SA	OI	EL	RP
价值感知（VP）	4.05	0.71	**0.988**					
认知流畅（CF）	3.63	0.88	0.558	**0.902**				
客服回复满意（SA）	3.88	0.74	0.425	0.417	**0.951**			
订购意愿（OI）	3.63	0.78	0.329	0.408	0.350	**0.971**		
介绍详尽（EL）	3.72	0.72	0.434	0.363	0.261	0.182	**0.926**	
风险感知（RP）	3.33	0.91	-0.524	-0.445	-0.423	-0.338	-0.419	**0.918**

注：对角线的数值（黑体部分）代表平均方差萃取量（AVE）的均方根，对角线下方是构面之间的相关系数。

二、假设检验

1. 结构方程模型

本节构建了产品介绍详尽度（EL）、产品介绍认知流畅度（CF）、客服回复满意度（SA）、价值感知（VP）、风险感知（RP）和订购意愿（OI）的结构方程模型，利用 AMOS 22.0 软件处理，结果如图4-2所示。

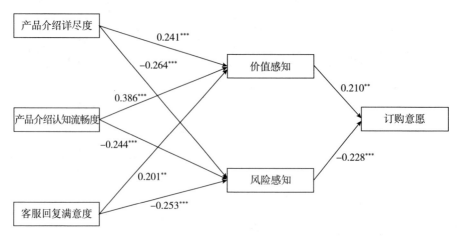

图4-2 产品信息呈现对消费者订购意愿影响模型

注：＊＊＊表示 P<0.01，＊＊表示 P<0.001，＊表示 P<0.05。

使用 Amos 软件，以极大似然法对模型和主要参数进行评估，在整体模型适配度的统计量中，结果显示，$\chi^2/df = 2.276 < 3$，RMSEA = 0.064<0.08，IFI = 0.976>0.9，GFI = 0.909>0.9，NFI = 0.957>0.9，CFI = 0.976>0.9，各指标均在合理范围内，说明具有良好的拟合性，模型整体结构合理，可以进行下一步的分析。

2. 直接效应检验

通过 Smart-PLS 3.0 对假设进行直接效应检验（见表4-3），产品介绍详尽度对价值感知有显著的正向影响（β=0.241，P<0.001），表明 H1 成立。产品介绍详尽度对风险感知有显著的负向影响（β=-0.264，P<0.01），表明 H2 成立。产品介绍认知流畅度对价值感知有显著的正向影响（β=0.386，P<0.001），表明 H3 成立。产品介绍认知流畅度对风险感知有显著的负向影响（β=-0.244，P<0.001），表明 H4 成立。客服回复满意度对价值感知有显著的正向影响（β=0.201，P<0.01），表明 H5 成立。客服回复满意度对风险感知有显著的负向影响（β=-0.253，P<0.001），表明 H6 成立。价值感知显著正向影响订购意愿（β=0.210，P<0.01），表明 H7 成立。风险感知显著负向影响订购意愿（β=-0.228，P<0.001），表明 H8 成立。

表 4-3　假设检验结果

路径关系（假设）	路径系数	S. E.	T 值	P 值	结果
H1 介绍详尽→价值感知	0.241	0.059	4.063	0.000	支持
H2 介绍详尽→风险感知	-0.264	0.059	4.504	0.000	支持
H3 认知流畅→价值感知	0.386	0.069	5.610	0.000	支持
H4 认知流畅→风险感知	-0.244	0.063	3.850	0.000	支持
H5 客服满意→价值感知	0.201	0.072	2.798	0.005	支持
H6 客服满意→风险感知	-0.253	0.064	3.928	0.000	支持
H7 价值感知→订购意愿	0.210	0.060	3.502	0.001	支持
H8 风险感知→订购意愿	-0.228	0.063	3.633	0.000	支持

3. 中介效应检验

借助 Amos 22.0，采用 Bootstrap 进行中介效应检验，通过反复抽样，使现有样本数量递增，重复抽取 5000 次，若置信区间内不包含 0，则中介效应显著（见表 4-4）。

表 4-4　价值感知和风险感知中介效应结果

路径	效应值	S. E.	95%CI		结果
			Lower	Upper	
H9 介绍详尽→价值感知→订购意愿	0.050	0.018	0.019	0.089	支持
H10 认知流畅→价值感知→订购意愿	0.082	0.029	0.030	0.144	支持
H11 客服满意→价值感知→订购意愿	0.042	0.020	0.009	0.086	支持
H12 介绍详尽→风险感知→订购意愿	0.060	0.019	0.026	0.099	支持
H13 认知流畅→风险感知→订购意愿	0.057	0.022	0.019	0.106	支持
H14 客服满意→风险感知→订购意愿	0.059	0.024	0.020	0.111	支持

基于此，可以得出：价值感知在产品介绍详尽度影响消费者订购意愿中发挥中介作用，H9 成立。价值感知在产品介绍认知流畅度影响消费者订购意愿中发挥中介作用，H10 成立。价值感知在客服回复满意度影响消费者订购意愿

中发挥中介作用，H11 成立。风险感知在产品介绍详尽度影响消费者订购意愿中发挥中介作用，H12 成立。风险感知在产品介绍认知流畅度影响消费者订购意愿中发挥中介作用，H13 成立。风险感知在客服回复满意度影响消费者订购意愿中发挥中介作用，H14 成立。

第四节　研究结论与建议

一、研究结论

本节以消费者在线订购意愿为结果变量，以产品介绍详尽度、产品介绍认知流畅度和客服回复满意度为前因变量，以价值感知和风险感知为中介变量，研究消费者在线订购意愿的影响因素及作用机理。主要结论如下：

1. 产品介绍详尽度、产品介绍认知流畅度和客服回复满意度是影响消费者价值感知的重要因素

产品介绍详尽度对消费者价值感知有正向影响。产品介绍详尽度指在线旅游平台展示产品信息的完善程度。线上购物中，消费者获取信息渠道有限，在线旅游平台给予的产品介绍是消费者获取产品信息的核心渠道，其产品介绍中信息越详尽，包含产品属性越多，单一属性描述越细致，消费者对产品信息获取越多，对产品功效和价值认知更加深入，消费者的价值感知越强。

产品介绍认知流畅度对消费者价值感知有正向影响。产品介绍认知流畅度指消费者感知获取信息和处理信息的难易程度。在线购物中，消费者获取信息和处理信息的难易程度主要是依据产品介绍内容，当产品介绍属于优质信息，信息认知流畅度高时，有利于消费者快速理解和整合信息，减少消费者的感知成本，增强消费的价值感知。

客服回复满意度对消费者价值感知有正向影响。客服回复满意度对消费者

的价值感知提升表现在三方面：首先，客服回复是消费者与客服的互动过程，满意度高意味着两者产生了良好的社交互动，增强消费者信任，提高价值感知；其次，客服回复是解答消费者疑惑，进一步获取产品信息的重要渠道，产品信息展示中缺失的部分信息由客服服务进行补充，为消费者提供足量信息，提升消费者价值感知；最后，客服回复满意度高提升了消费者对服务质量评价，进而提升消费者价值感知。

2. 产品介绍详尽度、产品介绍认知流畅度和客服回复满意度是影响消费者风险感知的重要因素

产品介绍详尽度对消费者风险感知有负向影响。风险感知主要因为不确定性，而导致消费者不确定性的主要原因是消费者获取信息不足。当产品介绍详尽度高时，表明产品信息介绍全面，能弥补信息不对称，降低消费者的风险感知。

产品介绍认知流畅度对消费者风险感知有负向影响。产品介绍认知流畅度较高，表明消费者整合信息和处理信息高效，降低消费者时间成本和消费者认知负荷，促使消费者产生积极情绪，降低消费者风险感知。

客服回复满意度对消费风险感知有负向影响。风险感知主要源于消费者对目标、产品和结果的不确定。消费者通过与客服互动，提升消费者信任，降低消费感知不确定性。此外，客服针对消费者对产品和服务的疑惑，为消费者提供有效信息，便于消费者进一步认知产品，降低消费者对产品的不确定性，降低消费者风险感知。

3. 价值感知和风险感知影响消费者订购意愿

根据社会认知理论，个体的行为受外部信息认知的影响，消费者价值感知和风险感知影响消费者订购意愿（王国才等，2021）。

价值感知正向影响消费者订购意愿，这一结论与大部分学者的研究结论一致，王丹丹（2019）通过实证分析研究发现，消费者价值感知越高，消费者购买意愿越强烈。王炳成等（2022）认为消费者对产品的价值感知较高时，

消费者对产品的认可度较高，有助于形成消费者对产品的积极态度，进而提高消费者的购买意愿。肖开红等（2021）研究发现，价值感知表示消费者对产品质量和服务的总体感知，价值感知越高，订购意愿越强。

风险感知负向影响消费者订购意愿，与大部分学者研究结论一致，张亚明等（2020）研究发现，消费者风险感知负向影响消费者购买意愿，风险感知分为社会风险感知、服务风险感知和心理风险感知。在线购物中，社会风险感知表现为负面在线评论，服务风险感知表现为商家服务，心理风险感知表现为消费者个人特质。赵大伟和冯家欣（2021）认为，直播卖货这类线上购物方式导致消费者无法直接接触产品，使消费者风险感知增加，进而降低消费者购买意愿。因此，降低消费者的风险感知是提升订购意愿的关键环节。

4. 价值感知和风险感知在产品介绍详尽度、产品介绍认知流畅度和客服回复满意度影响消费者订购意愿中发挥中介作用

价值感知和风险感知在产品介绍详尽度正向影响消费者订购意愿中发挥中介作用。在线购物平台为消费者提供详尽的产品信息，通过文字、图片和视频的方式提供在线旅游产品各方面的信息，使消费者能更深入地了解产品，提高消费者的价值感知，增强订购意愿。另外，消费者对产品的认识加深，有利于缓解消费者与商家的信息不对称，降低不确定性，缓解消费者风险感知，增强消费者订购意愿。

价值感知和风险感知在产品介绍认知流畅度正向影响消费者订购意愿中发挥中介作用。当在线购物平台为消费者提供的产品介绍是熟悉的、有益的和可信的高认知流畅度的信息时，一方面，容易使消费者产生正面判断；另一方面，高认知流畅度的信息有利于消费者对信息整合和梳理，加强消费者价值感知，增强消费者的订购意愿（王唯滢、李本乾，2020）。同理，低认知流畅度信息容易引起消费者的负面判断，产生风险感知，进而降低消费者的订购意愿。

价值感知和风险感知在客服回复满意度正向影响消费者订购意愿中发挥中

介作用。相较于传统购物方式,线上购物消费者与产品的互动性弱,在线购物平台中,客服是唯一的互动服务。在线客服通过与消费者的及时沟通与消费者建立良好的互动关系,增强信任(Nielsen 等,2010),降低消费者的感知不确定,提高价值感知,增强消费者订购意愿。同时,在线客服为消费者提供所需产品信息,弥补消费者的信息不对称,降低风险感知,提升消费者的订购意愿。

二、管理启示及建议

结合研究结论,本书得到如下管理启示和建议,为在线旅游平台在产品介绍方面提供优化建议和解决思路。

1. 提升产品介绍详尽度

在线旅游产品订购中,消费者获取产品信息主要源于旅游平台的产品介绍,其提供的信息完善程度对顾客价值感知和风险感知发挥重要影响。因此,旅游平台可以通过提升产品介绍详尽度增强顾客订购意愿。产品信息呈现的改善可以从以下三方面进行:

(1) 改善产品介绍网页设计。产品介绍网页是消费者进入旅游平台与产品接触的第一步,具有美感的界面设计能为消费者带来良好体验,提高购物的享乐价值。首先,页面设计应当重点突出,利用字体的大小让用户分辨信息是否重要,减少用户获得信息的时间。设计图标时要以用户容易理解为主,不能太过复杂。同时也应注意选择恰当的颜色作为图标颜色,博取更多关注度。产品介绍是消费者对产品的第一印象,直接决定消费者对商家和产品的感知,因此商家应根据产品特性对产品信息的呈现进行丰富与调整。其次,要保证产品信息充分,信息囊括产品基本信息如设施设备、项目、相应服务及价格折扣等。还可以根据消费者关注重点进行补充,能够直接解答消费者对产品的疑惑。

(2) 及时更新产品信息和服务信息。为消费者提供即时、精准的产品信息。消费者获得产品信息主要来源于旅游平台。因此，旅游平台和商家要对接及时，提升更新产品介绍频率，保证信息的有效性和实时性，避免消费者因信息不准确而产生服务失败。

（3）丰富产品信息呈现方式。产品信息呈现不能仅依靠文字，而且还需要通过图片和视频等多种方式来实现，这有利于全方位展现产品。例如，以文字方式展现产品基本信息，有利于消费者快速了解产品；以图片的方式展示产品细节，以视频的方式展示产品的全景及用户体验，有利于消费者全面地感受产品信息。同时，多种方式展现产品信息，还能提高消费者的感知享乐价值，提升消费者购买意愿。

2. 提高产品介绍认知流畅度

认知流畅度指消费者获取信息和处理信息的难易程度，受多方面因素的影响。第一，消费者的认知流畅度感知最先源于心理获取，如果消费者能容易地获取丰富且规划合理的产品信息，则有利于降低消费者信息获取难度，增强消费者的认知流畅度。第二，高认知流畅要求外部刺激的信息是消费者熟悉的、现有知识储备易于理解的，要注意使用用户易懂的界面语言，尽可能以使用者生活用语代替专业术语，界面语言不仅是文字语言，而且也包括一些非语言元素，如图标等，都需选择用户较为熟悉的模式。对于用户而言，遇上熟识的词语能更容易通晓界面的内容，操作起来也更容易上手。根据消费人群特性进行合理设计产品信息介绍，提供给针对人群相应熟悉的产品介绍信息。如具有文化差异的民族特色产品，应在尊重其文化特性的基础上，根据受众区域、群体的差异选择适合的表述传达产品信息，提升消费者的认知流畅度（卢兴等，2022）。第三，高认知流畅要求外部刺激的信息是消费者可信的，因此提供的产品介绍要能保证产品信息可靠。旅游平台可以结合消费者评价中的产品特点及时调整产品信息，商家与消费者信息互相印证更容易提升产品介绍的可信度，从而提升消费者的认知流畅度。第四，高认知流畅要求外部刺激的信息传递精准、简练。产品描述语句表达清晰、逻辑紧密，可以增加同类型产品、同价位产品的细节对比，便于消费者更快了解产品优势。产品介绍中专业术语的出现可以体现专业性，但专业术语不宜太多，否则不利于消费者信息处理，增加了消费者对产品认知的负荷。第五，注意减少用户的记忆负担。由于随着时间渐渐流去，用户的记忆也随之变得模糊，因此在界面设计时要最大化地帮助用户减少记忆负担，总结、精炼产品特色，让人一目了然。

3. 提升在线客服服务质量

在线客服是旅游平台服务的重要部分，在线客服服务质量能够直接体现平台和商家的服务质量，影响消费者的价值感知和风险感知，进而影响消费者订购意愿和购买决策。在线客服通过与消费者交流，不仅能够把握消费者需求，传递相关信息，而且能把握交易的主动权。提升在线客服服务质量可以从以下三方面进行：

（1）保证客服服务的正常运行。改善系统界面，保证交互界面易于操作和快速执行，保障产品售前、售中和售后各个环节消费者有足够的咨询渠道。售前，主要能为消费者提供及时和专业的信息服务，保障消费者的咨询能得到及时回复；售中，主要包括产品使用咨询等服务，保证消息回复及时和信息实时更新等；售后，主要针对服务失败后的服务补救，建立合理的补救机制，针对各种服务失败提供相应的服务补救措施，积极解答消费者反馈问题，为消费者解决问题，提高消费者满意度。同时及时总结服务失败案例，进行案例梳理，方便后期服务改进。为实现足够的咨询渠道，应合理安排人工客服和智能客服的工作流程，保证对消费者需求快速响应的同时，提高服务质量并解决消费者的疑问。

（2）加强对客服人员培训。第一，客服人员的回复要及时、简洁和准确。消费者咨询时是其对产品最感兴趣的时候，此时的积极响应会给予消费者良好的购物体验，促进消费者及时的购买决策。客服与消费者交谈注意语言精练，可结合日常生活场景，以便于消费者更好地了解产品。第二，注重颜文字、表情的使用。客服人员在与消费者交谈过程中多使用积极有趣的颜文字、表情符

号，有利于提高娱乐性，拉近消费者与客服的心理距离，提升顾客满意度
（马瑞婧等，2021）。第三，增强客服应对技能，根据旅游产品的特性使用合
适的交流策略。例如，客服可以讲述其他消费者体验增强消费者的真实感，针
对单价较高的产品，客服介绍要保持耐心，认真回答消费者的疑惑，多方面介
绍产品服务，打消消费者疑虑。

（3）提高智能客服服务质量。智能客服的出现主要为缓解人工客服压力，
解答消费者常见问题，但是相比人工客服，智能客服需要有效识别关键字才能
进行，因此常常会出现答非所问的情况，给消费者带来不良的咨询体验。我们
可以从以下方面改进智能客服服务质量。一方面，利用数据统计及时更新智能
客服问答内容，尽量扩展智能客服的问答库，保证消费者常见问题能够得到快
速回答。另一方面，融合自然语言处理、机器学习和数据挖掘等技术改善智能
客服，避免出现客服回答僵化、答非所问、关键词难识别等情况。

4. 提升消费者价值感知

在线购物中，消费者的价值感知正向影响消费者的订购意愿提升消费者价
值感知可以从以下三方面进行。

（1）提升消费者对产品的质量感知。产品展示有利于提高消费者的质量
感知。在线购物中，消费者缺乏对产品的直接接触，多样化的产品展示有利于
弥补消费者的感觉缺失，提升消费者的质量感知，激发消费者的购买意愿。此
外，加大产品营销力度，塑造产品品牌，提升消费者对企业和其产品的认知，
有利于提升产品质量感知（黄苏萍等，2019）。

（2）打造经济实惠在线旅游产品。定期开展产品促销能够有效满足消费
者追求经济实惠的需求，能够激发消费者购买意愿。

（3）满足消费者预期水平感知。过于夸大的宣传容易引起消费者较高的
心理期待，当消费者体验产品后心理落差较大，容易引起退订和差评等行为。
因此，产品宣传应秉持特色突出，功能明确和介绍客观。无法满足消费者预期
水平感知另一重要原因是产品质量较低，因此，提升产品质量，为消费者提供

有保障的售后服务，满足消费者需求。

5. 降低消费者风险感知

在线购物中，消费者的风险感知主要源于金钱损失风险、服务质量风险和机会损失风险三方面。因此，降低消费者的风险感知应从以下三方面进行：

（1）降低消费者的金钱损失风险。首先，为消费者提供足量信息，方便消费者在线购物时能够进行信息搜集，比较同类型产品价格和功能，方便消费者选取性价比最高的产品，降低消费者的金钱损失风险。其次，根据产品性质为消费者提供保价服务或为消费者提供购买保价险的机会。例如，淘宝针对双十一活动内的产品提供的保价服务，保证产品在双十一活动结束起的15日内，若该活动的产品在淘宝渠道中价格低于活动期买家的实付款，消费者可以办理差价理赔。最后，为消费者提供退订服务，有利于降低消费者在有效期无法消费该产品时产生的财务风险，该部分内容具体在第七章讨论。

（2）降低消费者的机会损失风险。对旅游产品的特点，适宜人群等细节进行详细介绍，便于用户选择。另外，旅游平台可以增加智能规划功能，如把用户出行的人数、年龄、偏好、计划游玩天数等信息由用户录入，平台就可以自动生成旅游路线推荐。

（3）降低消费者的服务质量风险，发展高质量旅游产品。我国旅游消费呈现多样化、个性化的升级趋势。高质量的旅游能让游客放松身心、舒缓压力、提升认知，研发能满足用户需求的产品，提供高质量的产品服务。从产品属性来看，从平价的、大众化的旅游产品向品质化的、个性化的旅游产品发展；从类型来看，从游览观光型向休闲度假型、深度体验型的旅游产品发展；从产品导向来看，从资源导向型向市场导向型的旅游产品发展。

第五章　在线评论研究

在线订购中，在线评论对消费者感知产品质量和购买意愿的影响发挥重要作用，77.5%的消费者表示，影响购买意愿的关键因素是在线评论（唐晓莉和宋之杰，2020），在线评论是已经参与购买后消费者提供的产品体验，是消费者之间的交流，传递的信息更加真实，能够有效降低消费者对在线订购的不确定性，提高消费者对产品的认知，在线评论对消费者的重要性引起学者们的关注。基于第三章的在线旅游产品订购意愿影响因素探索性研究的结果，根据 S-O-R 理论和技术接受模型，本章探讨评论数量、评论质量、评论雷同程度、差评与产品功能相关程度和问答回复质量对在线旅游产品订购意愿的影响及作用机理，为合理引导在线评论提供方法指导。

第一节　研究假设

一、评论数量对正面评论有用性的影响

依据知晓效应，在线评论数量越多，越容易激发消费者的兴趣和购买意愿。第一，在线评论数量多意味着更多的消费者体验过该产品，消费者知晓其

至认可该产品的可能性更大，该评论内容更加真实有效。第二，在线评论源于普通消费者，是区别于卖方的第三方客观评价，更能体现产品的真实状态，提升消费者对产品的正面评论有用性。第三，评论数量多意味着评论内容丰富，对产品相关功能和体验描述更详细，消费者从中获取有用信息的可能性越大，消费者正面评论有用性越强（孙瑾等，2020）。因此，提出如下假设：

H15：评论数量正向影响正面评论有用性。

二、评论质量对正面评论有用性的影响

评论质量指评论内容对产品描述的准确性、全面性和相关性。基于精细加工可能性模型，消费者会通过中枢路径处理在线评论质量，对产品评论进行解读，分析产品对自身的有用性。首先，评论质量代表已经购买产品或服务的消费者对产品和服务的主观感知，正面评论质量越高，消费者对正面评论的感知可信度越强，消费者对产品的正面评论有用性也越强。正面评论质量越高，表明评论包含的信息相关性越高，准确性和完整性越强。信息质量越高表明评论中含有无意义的评论较少，涉及产品实质介绍越多，消费者对产品的正面评论有用性越强。信息完整性指评论中对产品的描述能够做到对产品属性进行全方位描述和对产品某一属性进行详细描述。信息准确性指消费者评论时认真负责，不带有强烈的情感色彩，客观地描述产品功能与体验（霍红、张晨鑫，2018）。综上所述，正面评论的准确性和完整性越高，越有利于消费者获取正确的产品信息，感知产品的正面评论有用性越强。因此，提出如下假设：

H16：评论质量正向影响正面评论有用性。

三、评论雷同程度对正面评论有用性的影响

在线购物中，消费者通过快速浏览产品在线评论来获取相关产品信息，当大量雷同程度较高的评论出现时，消费者可能改变对评论的认识。一方面，大量雷同度高的好评会引起消费者的怀疑，这类评价有可能是商家刻意为之，通

过利益诱导或雇用水军发布的相关好评，增强了消费者的风险感知，消费者可能会怀疑好评内关于产品描述的真实性，降低正面评论有用性（郑春东等，2015）。另一方面，大量雷同度高的无效评价出现会影响消费者的质量感知，降低消费者信任，进而降低消费者对产品的正面评论有用性（王乐等，2022）。因此，提出如下假设：

H17：评论雷同程度负向影响正面评论有用性。

四、差评与产品功能相关度对正面评论有用性的影响

在线购物中，差评与好评均会对消费者产生影响。相较好评，消费者对差评更为敏感，认为通过差评能直接知晓产品缺陷。但是，差评中经常出现一些与产品无关的评价，这类评价会影响阅读者对差评信息价值的判断。有学者认为信息相关性是决策制定中非常重要的因素，差评与产品功能相关度越高，越能说明产品质量、核心功能存在问题，则正面评论有用性越低。反之，当差评与产品功能相关度较低时，消费者则会认为差评内容不可信，甚至认为其他用户实在找不到该产品实质性的缺点，因此正面评论有用性则高（解一涵等，2020）。因此，提出如下假设：

H18：差评与产品功能相关度负向影响正面评论有用性。

五、问答回复质量对正面评论有用性的影响

在线购物中，消费者获取产品信息的渠道有多种，主要通过产品介绍、产品评价、客服咨询和问答回复等方面。相较其他渠道，问答回复是以"消费者—消费者"的途径进行信息传递的，通常购买者在平台发布问题，请已参与购买的消费者进行回复，甚至有些明确要求商家勿答。通过问答回复获取的信息属于第三方信息，会被认为更客观真实，当消费者对产品详情仍有疑惑时，会寻求问答回复，问答回复能印证产品正面评论中的描述，消费者对正面评论有用性越高。因此，提出如下假设：

H19：问答回复质量正向影响正面评论有用性。

六、正面评论有用性对订购意愿的影响

技术接受模型认为感知有用性会影响个体的意向，进而影响个体的行为，而消费者的订购意愿属于个体意向。正面评论有用性指消费者对产品正面评论的感知有用性。在线购物中，消费者通过产品评论对产品功能和价值进行认知，正面评论有用性越强，消费者的订购意愿会越强。因此，提出如下假设：

H20：正面评论有用性正向影响消费者的订购意愿。

七、正面评论有用性的中介作用

综上所述，评论数量、评论质量、评论雷同程度、差评与产品功能相关度和问答回复质量均会影响正面评论有用性，正面评论有用性能显著提升消费者的订购意愿，因此基于 S-O-R 理论，正面评论有用性发挥中介作用。具体而言，在线评论数量多，意味着产品经过大量消费者检验，产品功能与质量有一定保障，消费者从评论中获取的产品信息越全面，正面评论有用性越强，越能增强消费者对产品的认知，进而提高消费者的订购意愿；评论质量高，意味着评论能够对产品功能进行全面和详细的描述，消费者对产品的认知越高，正面评论有用性越强，其订购意愿越强；评论雷同程度高，使消费者对评论的信息来源和真实性产生怀疑，对评论、产品和商家的信任降低，导致消费者正面评论有用性降低，进而降低订购意愿；差评与产品功能的相关度越高，消费者越能深入认识产品缺点，对正面评论中的产品描述产生怀疑，正面评论有用性越低，进而降低订购意愿；问答回复质量高，意味着消费者能够获取正面评论中相关的产品信息，消费者越信任正面评论中的产品内容，正面评论有用性越强，进而增强其订购意愿（见图5-1）。因此，提出如下假设：

H21：正面评论有用性在评论数量正向影响消费者订购意愿中发挥中介作用。

H22：正面评论有用性在评论质量正向影响消费者订购意愿中发挥中介作用。

H23：正面评论有用性在评论雷同程度负向影响消费者订购意愿中发挥中介作用。

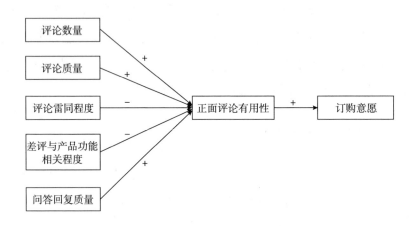

图5-1　在线评论对消费者订购意愿影响模型

H24：正面评论有用性在差评与产品功能相关度负向影响消费者订购意愿中发挥中介作用。

H25：正面评论有用性在问答回复质量正向影响消费者订购意愿中发挥中介作用。

第二节　研究设计

一、问卷设计

问卷设计分为三部分。第一部分：甄选被试者，判断被试者是否有在线旅游产品订购经验。第二部分：被试背景资料，用于收集受调查者的性别、年龄、学历、收入，以反映样本统计学特征。第三部分：变量测量，该部分采用 Likert 7 级量表的方式，1 表示"非常不符合"，7 表示"非常符合"，要求被调查者选择题项描述的符合程度，有评论数量、评论质量、评论雷同程度、差评与产品功能相关度、问答回复质量、正面评论有用性和订购意愿 7 个变量。在变量测量方面，本书主要通过总结和借鉴已有成熟量表来形成，并根据研究对象的差异性对表述语句进行了适当修改，使其更适应本研究的情景和研究对象的特征且不丢失重要信息。

评论数量的 3 个测试题项主要来自郭泰麟和黄斐（2021），评论质量的 3 个测试题项主要来自郑春东等（2015），评论雷同程度的 3 个测试题项主要来源于郑春东等（2015），差评与产品功能相关度的 3 个测试题项主要来源于包敦安等（2011），问答回复质量的 4 个测试题项主要来源于李东等（2015），正面评论有用性的 3 个测试题项主要来源于 Davis 等（1989）。旅游产品订购意愿的 3 个测试题项主要来自 Zeithaml 等（1996）和赵琴琴等（2016），共计 22 个测试题项。

二、数据收集

本次调研发放调查问卷，共收回问卷 300 份，剔除完成时间明显低于平均完成时间的调查问卷后，确定了 292 份有效问卷，有效率为 97.3%。在被调查者中，男性 148 人（50.7%），女性 144 人（49.3%）；年龄 19 岁及以下 27 人（9.2%），20~29 岁 68 人（23.3%），30~39 岁 61 人（20.9%），40~49 岁 41 人（14%），50~59 岁 44 人（7%），60 岁及以上 51 人（17.5%）；学历专科及以下 112 人（38.4%），大学本科 148 人（50.7%），硕士及以上 32 人（43.6%）；月收入 3000 元以下 32 人（11%），3000 ~ 5000 元 134 人（45.9%），5001 ~ 8000 元 90 人（30.8%），8001 ~ 17000 元 35 人（12%），17000 元及以上 1 人（0.3%）。

第三节　数据分析

一、量表检测

本书使用 Smart-PLS 3.0、SPSS24.0 软件进行统计分析。量表信度分析结果显示，所有 Cronbach's α 值均大于 0.7，整体为 0.826，表明内部一致性较好。KMO 值为 0.828，大于 0.7。量表效度检验：①内容效度。本研究量表测试题项均来源于成熟量表，根据研究对象做出适当的调整后通过了初测，因此量表具有较好的内容效度。②构建效度。构建效度包括收敛效度与判别效度。所有题项因子载荷均大于 0.6；组合效度均大于 0.7；平均变异抽取量均大于 0.5，量表具有较高的收敛效度。变量测度及指标结果如表 5-1 所示。

表 5-1　变量测度及指标结果

变量	测试题项	因子载荷	CR	AVE	Cronbach's α
评论数量 (SL)	SL1 在线评论中，我认为包含有效的数量多	0.890	0.912	0.775	0.856
	SL2 我在各大电商平台都看到相关评论	0.889			
	SL3 我看到很多用户都在评论该旅游产品	0.862			
评论质量 (ZL)	ZL1 评论表述清楚、推荐倾向强烈	0.881	0.908	0.767	0.854
	ZL2 评论有明确的推荐该产品的理由	0.907			
	ZL3 评论对产品的剖析细致全面	0.838			
评论雷同程度 (LT)	LT1 大部分评论配图使用了相同的照片	0.866	0.902	0.754	0.838
	LT2 大部分此种言论在用词上很相似	0.852			
	LT3 大部分此种言论在语义上很相似	0.886			

续表

变量	测试题项	因子载荷	CR	AVE	Cronbach's α
差评与产品功能相关程度（XG）	XG1 差评中的信息描述与产品功能是相关的	0.894	0.934	0.824	0.894
	XG2 差评中所配图片与产品功能相关	0.908			
	XG3 差评中文字内容与产品功能相关	0.922			
问答回复质量（YH）	YH1 当我提出问题，其他用户会及时回复	0.882	0.823	0.749	0.891
	YH2 其他消费者能准确回答我的提问	0.868			
	YH3 其他用户能站在我的角度思考问题	0.858			
	YH4 其他用户的回答能扫除我对该旅游产品的疑虑	0.855			
正面评论有用性（YY）	YY1 我觉得这个旅游产品能够让我获得丰富的体验	0.917	0.937	0.833	0.900
	YY2 我觉得这个旅游产品能够满足我的相关需求	0.896			
	YY3 总的来说，我发现这个旅游产品对我很有用	0.925			
订购意愿（DG）	DG1 我觉得我会选择购买该旅游产品	0.856	0.889	0.728	0.813
	DG2 如果我会购买了该旅游产品，我不会后悔	0.832			
	DG3 同订购其他旅游产品相比，订购该旅游产品是我更好的选择	0.871			

所有潜在变量的 AVE 平方根值均大于其所在行与列潜变量相关系数绝对值，量表通过了判别效度检验，检验结果如表 5-2 所示。

表 5-2 判别效应检验

变量	Mean	SD	YH	YY	SL	XG	DG	ZL	LT
回复质量（YH）	5.264	0.019	**0.866**						
正面评论有用性（YY）	4.671	0.039	0.048	**0.913**					

续表

变量	Mean	SD	YH	YY	SL	XG	DG	ZL	LT
评论数量（SL）	5.239	0.021	−0.095	0.311	**0.880**				
差评与产品功能相关程度（XG）	3.201	0.007	−0.138	0.397	−0.201	**0.908**			
订购意愿（DG）	5.138	0.020	0.160	0.448	0.339	−0.446	**0.853**		
评论质量（ZL）	5.250	0.013	0.025	0.257	0.124	−0.194	0.278	**0.876**	
雷同程度（LT）	2.705	0.007	0.072	0.258	0.144	0.228	0.273	0.043	**0.868**

注：对角线的数值（黑体部分）代表平均方差萃取量（AVE）的均方根，对角线下方是构面之间的相关系数。

二、假设检验

1. 结构方程模型

本书构建了评论数量（SL）、评论质量（ZL）、差评与产品功能相关程度（XG）、评论雷同程度（LT）、问答回复质量（YH）、正面评论有用性（YY）和订购意愿（DG）的结构方程模型，如图5-2所示。

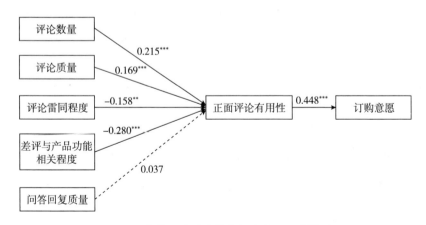

图5-2 在线评论对消费者订购意愿影响模型

注：＊表示 P<0.05，＊＊表示 P<0.01，＊＊＊表示 P<0.001。

使用 Amos 22.0 软件，以极大似然法对模型和主要参数进行评估，在整体模型适配度的统计量中，结果显示，$\chi^2/df = 1.151 < 3$，RMSEA = 0.023 < 0.08，

IFI=0.991>0.9，GFI=0.940>0.9，NFI=0.938>0.9，CFI=0.991>0.9，各指标均在合理范围内，说明具有良好的拟合性，模型整体结构合理，可以进行下一步的分析。

2. 直接效应检验

通过 Smart-PLS 3.0 软件对假设进行直接效应检验，评论数量对正面评论有用性有显著的正向影响（β=0.216，P<0.001），置信区间为（0.119，0.316）表明 H15 成立。评论质量对正面评论有用性有显著的正向影响（β=0.169，P<0.001），置信区间为（0.084，0.262），表明 H16 成立。评论雷同程度对正面评论有用性有显著的负向影响（β=-0.158，P<0.001），置信区间为（-0.267，-0.064），表明 H17 成立。差评与产品功能相关性对正面评论有用性有显著的负向影响（β=-0.280，P<0.001），置信区间为（-0.386，-0.168），表明 H18 成立。问答回复质量对正面评论有用性并无显著影响，P=0.593，表明 H19 不成立。正面评论有用性对订购意愿有显著的正向影响（β=0.448，P<0.001），置信区间为（0.327，0.571），表明 H20 成立。假设检验结果如表5-3 所示。

表5-3 假设检验结果

路径关系（假设）	路径系数	S.E.	T值	P值	结果
H15 评论数量→正面评论有用性	0.215	0.050	4.261	0.000	支持
H16 评论质量→正面评论有用性	0.169	0.047	3.608	0.000	支持
H17 雷同程度→正面评论有用性	-0.158	0.052	3.023	0.003	支持
H18 相关程度→正面评论有用性	-0.280	0.055	5.095	0.000	支持
H19 回复质量→正面评论有用性	0.037	0.070	0.535	0.593	不支持
H20 正面评论有用性→订购意愿	0.448	0.062	7.241	0.000	支持

3. 中介效应检验

借助 Amos 22.0 软件，采用 Bootstrap 进行中介效应检验，通过反复抽样，使现有样本数量递增，重复抽取 5000 次，若置信区间内不包含 0，则具有中介效应。具体中介效应检验结果如表 5-4 所示。

表 5-4　中介效应结果

路径	效应值	SE	95%CI		结果
			Lower	Upper	
H21 评论数量→正面评论有用性→订购意愿	0.097	0.028	0.049	0.156	支持
H22 评论质量→正面评论有用性→订购意愿	0.078	0.024	0.035	0.130	支持
H23 雷同程度→正面评论有用性→订购意愿	−0.074	0.027	−0.130	−0.026	支持
H24 相关程度→正面评论有用性→订购意愿	−0.125	0.033	−0.196	−0.065	支持
H25 回复质量→正面评论有用性→订购意愿	0.020	0.032	−0.047	0.075	不支持

　　根据表 5-4 中介效应检验结果可知，正面评论有用性在评论数量正向影响消费者订购意愿中的中介效应值为 0.097，95% 的置信区间为（0.049，0.156），不包含 0，表明 H21 成立。正面评论有用性在评论质量正向影响消费者订购意愿中的中介效应值为 0.078，95% 的置信区间为（0.035，0.130），不包含 0，表明 H22 成立。正面评论有用性在评论雷同程度负向影响消费者订购意愿中的中介效应值为−0.074，95% 的置信区间为（−0.130，−0.026），不包含 0，表明 H23 成立。正面评论有用性在差评与产品功能相关程度负向影响消费者订购意愿中的中介效应值为−0.125，95% 的置信区间为（−0.196，−0.065），不包含 0，表明 H24 成立。正面评论有用性在问答回复质量正向影响消费者订购意愿中的中介效应值为 0.020，95% 的置信区间为（−0.047，0.075），包含 0，表明 H25 不成立。

第四节　研究结论与建议

一、研究结论

　　本书以在线订购为例，以评论数量、评论质量、评价雷同程度、差评与产品功能相关程度和问答回复质量为前因变量，以正面评论有用性为中介变量，研究消费者在线订购旅游产品意愿的影响因素及作用机理。主要结论认为，评论数量、评论质量、评论雷同程度和差评与产品功能相关程度等因素会显著影响正面评论有用性，进而影响消费者在线订购旅游产品意愿。

第一，评论数量正向影响正面评论有用性。评论数量影响正面评论有用性主要源于两方面，一是在一定程度上，评论数量代表销售数量，评论数量越大，意味着产品销量越高，越多的消费者购买或体验了产品，消费者的感知信任越强，消费者对产品的价值感知越高。二是评论数量越多，意味着产品功能、细节与体验的描述越详细，消费者通过在线评论了解产品功能与价值越全面，消费者对正面评论有用性越强。这一结论也印证了许多学者的结论。黄华和毛海帆（2019）认为，评论数量越多，为消费者提供的产品细节和建议越多，正面评论有用性越强。

第二，评论质量正向影响正面评论有用性。相较其他产品，旅游产品的体验性更强，需要消费者实际体验之后再对产品进行评价。体验性评论越生动，消费者的感受越强烈。因此，当评论质量越高时，正面评论中可以为消费者提供产品的更多属性和每一种属性的更多相关细节，消费者可以提前了解旅游产品的更多信息，有利于提升消费者对产品的认知。这一假设与其他学者的结论一致，即在线评论质量越高，正面评论有用性越强（闫强等，2019）。

第三，评论雷同程度负向影响正面评论有用性。在线评论对消费者的影响巨大，消费者通过评论获取产品信息，形成产品认知。而雷同评论的出现降低了消费者信任，让消费者怀疑评论的来源和评论内容的真实性，进而对正面评论中描述的产品质量和体验产生怀疑，降低正面评论有用性，这一结论与郑春东等（2015）的研究结果不一致。郑春东等认为，消费者浏览过程会下意识快速略过大量雷同言论，故对评论感知有用性没有影响。而笔者认为评论雷同程度会负向影响正面评论有用性，主要原因可能是雷同评论本质上并未给消费者提供有用的产品信息，且影响到评论来源的可信度，进而影响消费者对正面评论的感知。例如，大量雷同好评的出现可能是因为商家提供的好评返现等活动，评论的动机是为了获得商家的奖励，评论描述的产品信息可能经过美化，从而降低正面评论有用性。

第四，差评与产品功能相关程度负向影响正面评论有用性。差评与产品功能相关程度低时，可能会认为差评源于竞争对手刷单，也有可能认为其他消费者实在找不到该产品实质性的缺点，进而增强消费者正面评论有用性；另外，差评与产品功能相关程度较高时，消费者认可其中描述产品和体验的缺点，进而降低消费者正面评论有用性。

第五，问答回复质量对正面评论有用性没有显著影响。这与其他学者研究结论不一致。李东等（2015）认为，消费者之间的互动不仅增强消费者认识和促进消费者思考，进而提升消费者对正面评论的感知有用性。本书结论与其他学者不一致的原因可能是，在线购物中，消费者更多地依赖产品介绍和消费者评价等方式，消费者—消费者的互动（问答回复）占比较少，所以问答回复质量对正面评论有用性没有显著影响。

第六，正面评论有用性正向影响订购意愿。正面评论有用性代表正面评论能够满足消费者在在线订购旅游产品过程中的信息需要，能够正向影响消费者的订购意愿，这一结论与已有研究结一致（熊伟等，2023）。

二、管理启示及研究建议

在线评论是消费者购买的重要参考信息，因此商家要及时关注自身产品评论，在不欺瞒消费者的前提下对产品评论进行调整，提高消费者的满意度和购买意愿。结合研究结论，本章得到如下管理启示和建议，为在线购物平台运营和服务提供合理建议和解决思路。

1. 增加评论数量，提升消费者感知

在线购物中，评论数量是消费者对产品销量与产品评价的第一感知。评论数量越多，产品销量越高，消费者反馈越多。因此，鼓励消费者对产品功能和体验进行购后评价，同时要注意正面评论的有用性，避免出现大量雷同评论和无关产品的评论，从而影响消费者对正面评论内容的可信度。首先，可以给予消费者一定的精神激励。当消费者发表的正面评论有用性较高，商家将评论选为精华帖并进行置顶，其他消费者也可以对该评论进行点赞回复，提高发布人的认同感、归属感和自我满足。其次，可以物质激励消费者评论。消费者发布高质量评论可以获取积分、优惠券和返现等奖励，提高消费者的积极性，鼓励消费者发布评论。

2. 鼓励消费者发表高质量评论

高质量评论受多方面因素的影响，要鼓励消费者发表高质量评论主要从以下两方面进行：

一方面，高质量评论主要表现为评论内容包含较多的产品属性，针对产品属性有详细的描述。通过"好评返现"等活动鼓励消费者积极发表评论，同时对评论质量进行评判，调整评论展现顺序。给消费者提供便利的同时，让消费者在评论首页就能获取足够的产品信息，降低消费者信息获取难度，提高消费者对正面评论的认知。

另一方面，评论质量受评论长度、评论图片数量和追加评论数量的影响，评论长度越长，所含评论数量越多，追评数量越多，则评论质量越高。因此，鼓励消费者发长评，附相关视频、图片。同时，商家也应该积极回应消费者的需求，鼓励消费者进行追评，提高评论质量。

3. 整理评论，减少雷同评论

评论雷同程度高会引起消费者对评论来源的怀疑，降低正面评论有用性，提升消费者的风险感知。因此，商家应当定期对商品评论进行整理，对于雷同程度较高的评论选择删除，对于雷同程度较高的好评，可以选择质量较高的评论放置首页，其余评论删除或放置末尾；对于默认好评等无实际内容的评论，将其放在评价末页，降低消费者寻找有效信息的成本。此外，图片雷同程度较高也会引起消费者的怀疑，鼓励消费者发布评论，但要加强评论审核，避免盗图和复制其他评论行为的出现。

4. 合理处理差评

差评并不完全引起消费者的负向情绪，当差评与产品功能相关程度非常低时，消费者会怀疑差评的来源，认为其差评可能因为商业竞争等关系出现，降低差评的参考价值，或认为该产品没有实质性的缺点，从而增强正面评论的感知有用性。因此，与产品功能相关程度较低的差评不需要完全删除，可以合理留存。对与产品功能相关程度较高的差评，商家可以与消费者进行售后沟通，进行服务补救，引导消费者进行追评。为其他消费者提供更多产品信息的同时展现良好的服务态度，提高消费者订购意愿。

5. 加强问答回复质量

本章虽发现问答回复质量对正面评论有用性无显著影响，但问答回复在线订购旅游产品中仅有的消费者—消费者的在线互动，且在第三章的探索性研究中发现对部分消费者有可能存在影响。本章的研究结果可能是因为目前旅游在线平台问答回复还做得不够好。问答回复质量可以通过激励消费者从回复质量回复率和响应性等方面提升。

第六章　促销策略研究

　　相比电商平台上常见的日用品、数码电子产品等商品，旅游产品具有其特殊性：①不可分性：旅游产品通常是以旅游体验的形式呈现，生产和消费发生在同一时空，二者密不可分。②可变性：旅游产品受到很多因素的影响，包括季节、天气、政治和经济环境等，因此旅游产品的性质和质量会有很大的变化。③购买前的不确定性：由于旅游产品通常是以体验的形式呈现，因此购买前的消费者无法准确地了解旅游产品的真实价值和质量，这增加了购买前的不确定性。④消费者的个性化需求：不同的旅游消费者有着不同的需求和偏好，他们的体验和满意度也会因此而不同。⑤地域性和目的地相关性：旅游产品通常与地理位置和目的地密切相关，这意味着旅游产品的推广和销售需要更多地考虑当地文化和旅游地的特点和需求。由于以上特殊性，旅游产品的促销策略也有所不同：如在促销方式中，折扣促销和体验赠品促销更为常见，而实物赠品的形式则不多见；在线上旅游宣传中，渲染和谐的家庭旅行、诗意的文化旅行等讲故事手法较为多见，而直截了当地陈列旅行收益的清单较少。

　　促销是一种信息交流，通过广告、促销活动、产品展示等方式向消费者传递产品特点、品牌知名度、价格、销售政策等产品信息。其中，促销方式、促销购买限制分别为消费者提供了不同类型的促销信息，给消费者带来不同的感受，使得在实际获利期望相同的情况下，消费者的购买意愿和购买行为仍然表现出差异。从已有的文献来看，促销方式中，赠品和折扣、促销购买限制中限时和限量的组合能够产生不同程度的效应。类似地，社交情景叙述中的交互情境和表现情境代表了不同的叙事方式，因此在广告的故事讲述中，采用交互情境叙述和表现情境叙述诱发的广告说服路径也是不一样的（张皓等，2022）。根据叙述传输理论，以讲故事的方式构建情境，为人们提供一个便于代入和沉浸的叙事，能够唤醒人们对故事的认知和情感参与等沉浸感，导致意识状态的改变和现实的暂时中止。当人们进入到一段叙述中时，他们会更容易接收所传达的信息，也更容易受到其影响。这一点在体验性质突出的旅游产品中更为突出，因此，采用不同类型的社交情境叙述来传递促销信息也有可能引发旅游消费者不同的购买意愿，而现有的促销领域研究中，虽有对社交情境叙述在广告说服方面的研究（张皓等，2022），也有对促销方式、促销购买限制进行分类讨论的文章，但缺少对几种因素综合考虑、探讨更完整的促销策略组合的实证研究；此外，由于旅游产品的特殊性，鲜有研究针对旅游产品的特点，分析不同类型的促销策略组合如何对消费者产生影响。因此，结合第三章的在线旅游订购意愿影响因素探索性研究的结果，根据框架效应理论，考察社交情境叙述、促销方式、促销购买限制三类因素交互下对消费者订购意愿的影响差异，选择最优的促销策略组合，并分析其作用机理，为合理制定促销策略提供方法指导。

第一节　理论模型与研究假设

一、不同社交情境叙述下的促销情景

常见的促销方式包括免费试用、赠品、折扣促销等。由于旅游产品突出的体验性质，免费试用的促销类型较为罕见；赠品方面，在线旅游产品的订购更多以体验赠品（如在主题公园中额外赠送某一游乐设施的游玩机会）而非实物赠品的方式提供促销。因此，对于在线旅游产品来说，体验赠品与折扣促销是较为常见的两类促销方式。钟琦等（2022）通过实证研究证明了折扣等促销方式能够对消费者购买意愿产生积极影响。赠品促销作为一种获益型的促销，也能对消费者购买意愿产生积极效应（刘必强等，2022）。

在线旅游预订的促销购买限制主要有时间限制和数量限制两种。从旅游的体验属性来说，限量促销以在线旅游零售商对旅行消费者提供的服务数量上的限制为主，是一种对需求量的限制，如"景区一日游，报名人数500名截止"等形式；限时促销则主要以在线旅游零售商规定的时间范围为限制，多出现在节假日、纪念日等时间节点，比如"国庆家庭旅游套餐""五一黄金周跟团游"等形式。促销购买限制人为制造了稀缺性，从而对于消费者购买意愿有积极的影响，且这些影响可以通过不同的路径传导，如限量促销通过诱发消费者的竞争心理来提高购买意愿，限时促销通过时间压力提高购买意愿。

社交情境叙述可以为旅游促销信息的呈现方式提供不同角度的参考。交互情境和表现情境是两种不同的社交情境，交互情境更强调人与人之间的互动，而表现情境更强调个人的行为表现。在线旅游产品的促销表达中，交互情境可以是呈现一群志同道合的年轻人在旅游景点交谈甚欢的热烈景象，消费者通过人与人之间的交流代入场景，联想到自己与亲朋好友出游的画面，唤起其归属感和社交需求，从而驱动消费者进行预订（张皓等，2022）；表现情境则可以是一个人在有其他游客存在的名胜古迹中穿行，强调个人体会历史厚重和文化底蕴的景象，与交互场景相比，表现场景更容易激起消费者自我提升、自我实现的动机（Puntoni 和 Tavassdi，2007），从满足社会规范的角度来说，自我形象的提升、社会期望的契合也能使旅行消费者产生旅游消费的意愿。总体来看，不同类型的社交情境叙述都能引发旅行消费者的购买意愿。在不同的社交情景叙述（交互情境 vs. 表现情境）下，促销购买限制（限量促销 vs. 限时促销）和促销方式（体验赠品 vs. 折扣促销）都能够影响旅行消费者的购买意愿。在此基础上还可以进一步探讨，在交互社交情境和表现社交情境下，不同的旅游促销情境如何分别对消费者购买意愿产生影响。具体而言，可以将其归类为以下情景：①交互情境下的"限量促销+体验赠品"；②交互情境下的"限量促销+折扣促销"；③交互情境下的"限时促销+体验赠品"；④交互情境下的"限时促销+折扣促销"；⑤表现情境下的"限量促销+体验赠品"；⑥表现情境下的"限量促销+折扣促销"；⑦表现情境下的"限时促销+体验赠品"；⑧交互情境下的"限时促销+折扣促销"。

二、社交情境叙述为交互情境下的促销

交互情境的社交情境叙述能够突出旅游社交的属性。特别是在多人同行旅游的情况下，由于决策涉及多个对象，一方面，交互情境能够唤起消费者获得归属的目标导向，使其更倾向于遵守关系社交规范，会尽量统筹和参考同行者的意见，将与他人达成一致作为重要的目标；另一方面，正是因为"众口难调"的问题，在旅游促销的选择上，消费者就更有可能关注旅游产品本身的价值评价而非促销，因为同时协调同行者的偏好和复杂的促销方案较为困难。按照框架效应理论的解释，折扣促销方式属于减损型的促销方式，相比起体验赠品这种获益型的促销，强调了具体金额等减损信息的减损型促销更容易唤起消费者对产品价值评价的更高关注，而与之对应的促销购买限制就是限量促销。限量促销涉及消费者之间的竞争，购买机会的稀缺性取决于与其他消费者之间竞争的激烈程度，从信号理论的角度来说，限量促销释放了"手快有手慢无"的竞争信号，让消费者感受到除时间压力之外的竞争压力，这使得消费者对产品的价值和稀缺性更容易给出高评价，催生了消费参与者的竞争心态，从而引发消费者的购买动机（金立印，2005），但也会面临更高的不确定性，因此当消费者更关注价值而非确定性时，限量促销是更好的选择；此外，相比限时促销情境，消费者在对成功参与促销的归因中更容易将限量促销的成功归结于自己的努力和机智，从而也获得更积极的感受，故而在交互情境下，限量促销和体验赠品的促销情境对于消费者来说可能是更诱人的选择。据此推

断，在交互情境下，采用"限量促销+折扣促销"的促销情境更能激发消费者购买意愿。已有研究已经对"限量+折扣"的促销组合进行了探讨，发现相比赠品促销，折扣促销情况下限量促销相较于限时促销能带来更高的购买意向（Lu 等，2018）。根据以上讨论分析，提出以下假设：

H26：交互情境下，"限量促销+折扣促销"的促销组合能够引发更高的消费者购买意愿（vs. "限量促销+体验赠品""限时促销+折扣促销""限时促销+体验赠品"）。

价值感知是消费者心理研究领域的一个关注焦点。在一些场景下价值感知受到促销购买限制的影响，并在促销购买限制对购买意向的效应中起中介作用（王国才等，2021）。同样地，折扣促销也能通过消费者价值感知提高正向影响购买意愿（耿黎辉和姚佳佳，2020），而赠品促销作为促销方式的一种，可以是常见的实物赠品或者旅游体验赠品，但都属于获益型的促销方式，能够提高消费者对在线旅游产品的价值评价，从而影响订购的意愿。在交互情境叙事下，交互情境提供了获得归属的目标导向，能够突出旅游产品的社交属性（Jaegher 等，2010；Li 等，2021；Blote 等，2009），因而可以提高旅行消费者的价值感知，从而提高购买意愿。

旅游作为一种体验消费，具有一定的社会属性。一方面，旅游通常涉及与家庭或好友结伴出行，在旅游产品选取、行程规划等决策环节有多人参与。这意味着旅行消费者的决策在某些场景下受到他人的影响。如由于"重口难调"，旅行消费者往往需要从多个同行者的偏好中选取"最大公约数"的方案来确保尽可能多的满意，或者在进行旅游产品选择时接受所属群体的建议和推荐。另一方面，社交网络发达的时代，旅游的社交特点得到了更多的关注。抖音、快手等短视频 UGC 平台为旅游创作者提供更丰富的展示方式和更充分的传播途径，微信朋友圈等社交平台则构建了更近距离的社交空间，使其能够通过线上社交分享来展现符合社会地位、财富水平的选择，塑造符合群体规范的形象。在此背景下，旅游产品促销采用交互情境叙事，能够通过呈现人际交互的场景唤起旅行消费者获得归属的目标导向，启发其遵守关系规范，从而产生更强烈的参与旅游的想法；旅游产品促销采用表现情境叙事，触发的则是自我实现的目标导向，注重遵守社会规范，相比起交互情境下的依存心理，表现情境下，消费者更多地表现为独立心态，注重于自我形象的树立（张皓等，2022），而参照群体规范对于自我的扩张是一种约束。因此，交互情境叙事能够通过群体规范提高旅行消费者的购买意愿。因此，提出以下假设：

H27：交互情境下，群体规范和价值感知中介了促销情境对消费者订购意愿之间的积极关系。

H27a：交互情境下，群体规范在促销情境对消费者订购意愿的积极效应中起到中介作用。

H27b：交互情境下，价值感知在促销情境对消费者订购意愿的积极效应中起到中介作用。

三、社交情境叙述为表现情境下的促销

表现情境的社交情境叙述能够突出旅游自我审视、自我成长、自我展示的一面。与交互情境叙事提供的获得归属的目标导向相对应，表现情境叙事提供了自我实现的目标导向，呈现的是一种单向表达的交互方式（如演讲、表演等），消费者在这种情境下产生独立的心理状态，遵守社交规范中的社会规范，关注焦点落在结果预期，而非过程上。由于表现情境下的旅游促销展示更多的是围绕自我的内容，消费者容易在这种情境的引导下关注自身的利得。按照框架效应理论的解释，体验赠品促销作为获益型促销的一种，释放了获得利益的信号，促进了消费者更加关注自己的利得。消费者会倾向于选择保守或确定性的决策，以保证这种利得（Chatterjee等，2014）。因此，向旅行消费者提供明确的体验赠品时，他们可能会表现出较折扣促销方式更为明显的风险规避，比如当期望的所得接近的时候，消费者更愿意选择收益小而获得机会大的方案，而不是收益大但获得机会小的方案。这种观念也会体现在促销购买限制

中，因为对消费者来说，限量促销往往比限时促销包含更多的风险。限时促销只要求消费者在规定时间内参与，消费者感知到的压力主要来自客观的时间压力；限量促销要求消费者与其他消费者之间进行博弈，所带来的竞争压力和主观、客观上的时间压力都会影响消费者对于促销机会的感知，因此在表现情境下，体验"赠品促销+限时促销"的方式更容易得到消费者青睐，因为这给予了想要确保所得的消费者以确定性。因此，提出以下假设：

H28：表现情境下，"限时促销+体验赠品"的促销组合能够引发更高的消费者购买意愿（vs. "限量促销+体验赠品""限量促销+折扣促销""限时促销+折扣促销"）。

消费者选择旅游产品，除看中产品本身的体验价值外，还存在自我展示的动机。社交网络发达的新媒体时代，旅行消费者通过旅游来吸引他人注意、提升和强调自我形象、表现自己的品位和能力拥有了更发达的途径。通过选择符合自己身份的旅游活动，消费者得到了展示自我的材料，比如成功的创业者通过高峰攀登等运动来强调自己挑战者和引领者的行业地位，并且凸显自己的品位和能力；事业有成的领导者通过家庭旅行来表现自己的责任心和亲和力；年轻的消费者通过展示促销力度和优惠条件、赠品等来展现自己勤俭、信息收集能力强的特点等。从社交情境理论的角度来说，采用表现情境叙述的旅游促销能够激发人们自我实现的目标导向，在较为独立的心理状态下，消费者受到表现情境信息的启发，关注旅行中提升自我、呈现自我的一面。在自我展示的动机下，更有可能产生旅游产品订购的意愿。

在表现情境下，由于旅行消费者倾向于确保收益，排斥不确定性，消费者对于促销机会的感知就显得尤为重要。促销机会的确定性反映了消费者对于自己取得促销机会的评估，促销机会确定性越高（如更长的限时范围、更充足的限量供应、更详细的描述等），消费者对促销活动的信息掌握程度也越高，对促销的效果评估也越准确，这通常会促使他们更加积极地参与促销活动，并且更有可能购买产品。高确定性的促销机会，一方面提高了购买的紧迫性，加强了消费者对于促销购买限制的认识；另一方面增加了消费者的信任感，让消费者觉得促销活动并不是文字游戏或者机会成本颇高的陷阱，而是触手可及、切实可行的。因此，表现情境下促销机会确定性能够中介促销情境对于消费者订购意愿的影响。因此，提出以下假设：

H29：表现情境下，自我展示和促销机会确定性中介了促销情境对消费者订购意愿之间的积极关系。

H29a：表现情境下，自我展示在促销情境对消费者订购意愿的积极效应中起到中介作用。

H29b：表现情境下，促销机会确定性在促销情境对消费者订购意愿的积极效应中起到中介作用。

第二节　研究设计

一、实验材料

为选取合适旅游产品作为实验材料，笔者考察了抖音、携程、TripAdvisor等平台的旅游产品信息。由于本次实验需要旅游产品既能实现团体旅游、家庭旅游的形式，也能满足身份展示、个人形象等个体需求，综合各类在线旅游产品的特征，最终选择五天四晚的海南三亚度假旅游产品。

二、控制变量的选取

在打折促销情境中，根据前人研究成果选取中等打折幅度为20%，即折扣为八折。同样，在赠品促销情境中，笔者考察了常见的旅游产品赠品类型，包括接送服务、旅游咨询服务、附加景点、特产特色手工赠品等。从赠品的吸引力、赠品的功能性和娱乐性、与主产品的相关性以及赠品的价值四个维度挑选适合本文研究所用的赠品，使得赠品的利益处于适当水平。

对于促销购买限制，本书主要针对限时促销和限量促销两种促销购买限制。促销购买限制的宽松程度可能会影响消费者的心理联合决策，如限时促销的促销活动时间太长，会导致消费者推迟自己的决策甚至遗忘（Inman 和 Mcalister，1994）。促销时间过短又会导致消费者不能充分决策（Sinha，1994）；类似地，限量促销的数量限制过多会降低促销对消费者的吸引力，过少也容易因为概率低而引起消费者的不行动。因此，应该将促销购买限制力度控制在中等水平。前人研究通常认为限时促销 1 天和限时促销 6 天分别作为限时短和限时长的实验材料应用于研究中。本书结合前人研究及实践中商家常采用的限时力度来看，最终选择限时 3 天的中等水平。另外，根据 Aggarwal 等（2011）的研究，将与限时促销 3 天等价的限量促销的数量应用于本书研究中。

三、预实验

1. 预实验一：选择旅游体验赠品

在正式试验前，先通过第一个预实验来确定旅游产品赠品，使得该赠品类型能够为消费者带来合适的获益感知。本书考察了常见的旅游产品赠品类型，结合作为本次实验材料的在线旅游产品的特点，选择"24 小时机场接送服务""三亚旅游景点和路线咨询服务""游艇出海""三亚小吃零食大礼包"四种类型赠品，分别进行吸引力、赠品的功能性和娱乐性、与主产品的相关性以及赠品的价值四个维度的评估，其中的测量项来自前人研究（D'astous A 和 Landreville，2003；Kempf，1999；Chandon 等，2000）。

实验先向被试提供一段阅读材料，向被试介绍一家旅行社提供的旅行服务（"三亚海景酒店 5 天 4 晚豪华套餐"）和相关赠品（"24 小时机场接送服务""三亚旅游景点和路线咨询服务""游艇出海""三亚小吃零食大礼包"），接着请被试分别对四种类型赠品进行吸引力、赠品的功能性和娱乐性、与主产品的相关性以及赠品的价值四个维度的打分评估。对样本数据进行 ANOVA 方差分析，结果显示（f（3，58）= 5.523，P<0.001），"游艇出海"体验最适合作为本研究中在线旅游产品的赠品。

2. 预实验二：限时促销和限量促销的等价效应

该预实验的目的是保证限时促销和限量促销对人们的吸引力是等价的。促销购买限制的操控参考了 Aggarwal 等（2011）的研究。该预实验共分为两次，在第一次实验中，被试需要指出限时促销度假产品 3 天相当于限量促销度假产品多少份。在第二次实验中，回答同样的问题，但区别于前面，这次被试的答案需要从 6 个选项中选择。

从实验结果来看，在第一次实验中共回收有效问卷 64 份（其中 2 份问卷因填写答案为非数值被视为无效并剔除）。为保证数据的有效性，需要剔除极端数字对数据的影响，通过 SPSS 箱图发现了 7 个离群值，填写数值大于等于 500。所以最后选取了答案分布在 0~500 的被试，共计 55 人，其中平均值为 172，众数是 200（12/55）。第二次实验的操作与第一次实验基本保持一致，但区别于第一次实验的开放式答案，这次被试的答案需要从六个固定的选项中选择（50 份/80 份/100 份/150 份/200 份/300 份）。实验结果表明，选择 200 的被试居多（20/50），平均值为 210。由于在企业实践活动中，常常取整数。故本文最终选择的数值为 200，即限时促销 3 天相当于限量促销度假产品 200 份。

3. 预实验三：操控社交情景叙述类型（交互情境 vs. 表现情境）

交互情境的刺激材料中突出人际互动，展示多人共同旅游玩乐，其乐融融的场景；表现情境的刺激材料中突出旅游者个体表现，呈现自我展示、自我实现的场景。

75 人参与预实验，36 位被试阅读交互情境的刺激材料，均认为该社交情景叙述类型为交互情境；39 位被试阅读表现情境的刺激材料，均认为该社交情景叙述类型为表现情境。社交情景叙述类型操控成功。

四、正式实验

正式试验采用了 2（社交情境叙述：交互情境 vs. 表现情境）×2（促销方式：折扣促销 vs. 赠品促销）×2（促销购买限制：限时促销 vs. 限量促销）的组间实验设计，共有"表现+赠品+限时""表现+赠品+限量""表现+折扣+限时""表现+折扣+限量""交互+赠品+限时""交互+赠品+限量""交互+折扣+限时""交互+折扣+限量"8 种促销方式。

正式实验的在线旅游促销材料，包含社交情景叙述、旅游产品、促销方式和促销购买限制的信息。

社交情景叙述材料：向被试播放一段视频广告用于控制社交情景叙述，交互情境组的视频广告内容是一群朋友在三亚海景酒店游玩嬉戏打闹的场景，强调社交收益；表现情境组的视频广告内容是某人在其他游客也同在的三亚海景酒店游玩自我展示的场景，强调个体展示。

旅游产品材料："三亚海景酒店 5 天 4 晚豪华套餐"房间、餐饮、配套设施、活动等图文介绍以及 2000 元人民币售价。

促销方式材料：折扣促销采用"8 折"的幅度；赠品促销采用"游艇出海"并附图。

促销购买限制材料：限时促销采用 3 天的期限；限量促销采用 200 份的名额限制。

五、问卷设计

问卷设计分为三部分。第一部分为实验刺激材料。第二部分为被试背景资料，用于收集受调查者的性别、年龄、收入水平，以反映样本的特征。第三部分为变量测量，该部分采用 Likert7 级量表的方式，1 表示"非常不符合"，7 表示"非常符合"，要求受调查者选择题项描述的符合程度，有价值感知、促销机会确定性、群体规范、自我展示、旅游产品订购意愿 5 个变量。在变量测量方面，主要通过总结和借鉴已有成熟量表来形成，并根据研究对象的差异性对表述语句进行了适当修改，使其更适应本研究的情景和研究对象的特征且不丢失重要信息。价值感知的 3 个测试题项主要来自 Naylor 等（2001）和赵琴琴等（2016）。群体规范 3 个测试题项主要来自 Panda 和 Fernandes（2019）和卢宏亮等（2022）。自我展示 4 个测试题项主要来自 MA 和 Agarwal（2007）、程志超和郭天超（2016）。旅游产品订购意愿的 3 个测试题项主要来自Zeithaml 等（1996）和赵琴琴等（2016），共计 19 个测试题项。促销机会确定性测量采用了 Alavi 等（2015）及王国才等（2021）研究中的两个题项。

六、数据收集

正式实验的参与者是西南某大学的 330 名 MBA 学生，有效被试 320 人，有效率为 97%。其中男性 154 人，占 48%，女性 166 人，占 52%，平均年龄为32 岁，平均月收入为 2. 15 万人民币。

第三节　数据分析

一、量表检测

本节使用 Smart-PLS 3. 0、SPSS24. 0 软件进行统计分析。量表信度分析结果显示，所有 Cronbach's α 值均大于 0. 7，整体为 0. 939，表明内部一致性较好。KMO 值为 0. 888，大于 0. 7。量表效度检验：①内容效度。本书量表测试题项均来源于成熟量表，根据研究对象做出适当的调整后通过了初测，因此量表具有较好的内容效度。②构建效度。构建效度包括收敛效度与判别效度。所有题项因子载荷均大于 0. 6；组合效度均大于 0. 7；平均变异抽取量均大于0. 5，量表具有较高的收敛效度。变量测度及指标结果如表 6-1 所示。

表 6-1　变量测度及指标结果

变量	测试题项	因子载荷	CR	AVE	Cronbach's α
促销机会确定性（JH）	JH1 我确定我能获得该促销机会	0.928	0.937	0.881	0.866
	JH2 我能获得该促销机会的可能性很大	0.949			
价值感知（JZ）	JZ1 订购该旅游产品会"物有所值"	0.942	0.943	0.847	0.910
	JZ2 同我花的钱和投入的时间相比，我得到的会更多	0.925			
	JZ3 该旅游产品会是"超值"的	0.892			
群体规范（QT）	QT1 如果朋友愿意购买该旅游产品，那么我也会购买它	0.989	0.992	0.977	0.988
	QT2 我会相信朋友推荐的旅游产品	0.991			
	QT3 我会购买受到朋友肯定的旅游产品	0.986			
自我展示（ZW）	ZW1 我购买的旅游产品很有特点	0.947	0.967	0.880	0.955
	ZW2 我购买的旅游产品能够帮我吸引其他人的注意	0.924			
	ZW3 我购买的旅游产品有助于展现我的形象	0.965			
	ZW4 我购买的旅游产品能表现我的智慧	0.915			
订购意愿（DG）	DG1 我觉得我会选择购该旅游产品	0.884	0.887	0.723	0.808
	DG2 若我购买了该旅游产品，我不会后悔	0.805			
	DG3 同其他旅游产品购买方式相比，订购该旅游产品是我更好的选择	0.861			

所有潜在变量的 AVE 平方根值均大于其所在行与列潜变量相关系数绝对值，量表通过了判别效度检验，检验结果如表 6-2 所示。

表 6-2　判别效度检验结果

变量	Mean	SD	JH	JZ	QT	ZW	DG
促销机会确定性（JH）	4.74	1.15	**0.939**				
价值感知（JZ）	4.93	0.73	0.449	**0.920**			

续表

变量	Mean	SD	JH	JZ	QT	ZW	DG
群体规范（QT）	5.13	1.77	0.421	0.521	**0.989**		
自我展示（ZW）	4.65	1.05	0.476	0.579	0.483	**0.938**	
订购意愿（DG）	4.88	0.85	0.421	0.391	0.342	0.500	**0.850**

注：对角线的数值（黑体部分）代表平均方差萃取量（AVE）的均方根，对角线下方是构面之间的相关系数。

二、假设检验

对8种促销情境下的订购意愿进行 ANOVA 分析发现，8种促销情境对订购意愿的影响差异显著（$f(7, 312)=7.517$，$P<0.001$）。平均值柱状图可视，社交交互情境中折扣限量的促销方式和社交表现情境中赠品限时的促销方式是8种促销方式中促销效果最好的。其中，在社交交互情境中采用折扣限量的促销方式时，由于消费者在交互情境的引导下更加关注旅游产品的价值，根据框架效应理论，折扣促销作为减损框架促销启发消费者倾向于旅游产品价值的追求，限量促销的组合则提供了更高的产品价值感知，因而折扣促销与限量促销比起其他组合更符合社交交互情境下的消费者心理，通过独立样本 T 检验进行两两对比，社交交互情境中采用折扣限量的促销方式带来的价值感知更大。

$M_{交互+折扣+限量}=5.12>M_{交互+赠品+限时}=4.28(t=4.140, P<0.001)$；

$M_{交互+折扣+限量}=5.12>M_{交互+折扣+限时}=4.36(t=3.336, P<0.01)$；

$M_{交互+折扣+限量}=5.12>M_{交互+赠品+限量}=4.37(t=3.375, P<0.01)$；

$M_{交互+折扣+限量}=5.12>M_{表现+折扣+限时}=4.39(t=3.945, P<0.001)$；

$M_{交互+折扣+限量}=5.12>M_{表现+赠品+限量}=4.11(t=5.102, P<0.001)$；

$M_{交互+折扣+限量}=5.12>M_{表现+折扣+限量}=4.22(t=4.715, P<0.001)$，因此 H26 得证。

在社交表现情境中采用赠品限时的促销方式时，由于表现情境促进了消费者关注收益的确保，而非收益的高低，而赠品促销作为获益型促销框架激发了消费者采取风险规避的行为，限时促销方式则比限量促销方式具有更高的机会确定性，因此表现情境下限时赠品促销有更好的消费购买意愿表现。通过独立样本 T 检验进行两两对比，社交表现情境中采用赠品限时的促销方式带来的促销机会的确定性更大。

$M_{表现+赠品+限时} = 5.09 > M_{交互+赠品+限时} = 4.28 (t = 4.022, P < 0.001)$；

$M_{表现+赠品+限时} = 5.09 > M_{交互+折扣+限时} = 4.36 (t = 3.214, P < 0.001)$；

$M_{表现+赠品+限时} = 5.09 > M_{交互+赠品+限量} = 4.37 (t = 3.254, P < 0.01)$；

$M_{表现+赠品+限时} = 5.09 > M_{表现+折扣+限时} = 4.39 (t = 3.827, P < 0.001)$；

$M_{表现+赠品+限时} = 5.09 > M_{表现+赠品+限量} = 4.11 (t = 4.992, P < 0.001)$；

$M_{表现+赠品+限时} = 5.09 > M_{表现+折扣+限量} = 4.22 (t = 4.604, P < 0.001)$，因此 H28 得证。

而且 $M_{交互+折扣+限量} = 5.12 > M_{表现+赠品+限时} = 5.09 (t = 0.144, P = 0.886)$，说明社交交互情境中折扣限量的促销方式和社交表现情境中赠品限时的促销方式显著高于其他 6 种促销方式，且这两种促销方式对消费者订购意愿的影响无显著差异，如图 6-1 所示。

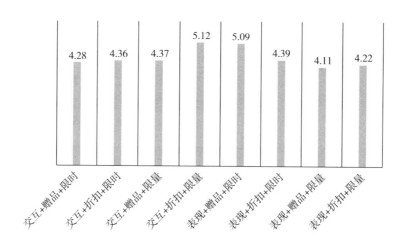

图 6-1　不同促销情境对消费者订购意愿的影响

中介效应检验，本书按照 Zhao 等（2010）、Hayes（2013）提出的 Bootstrap 检验程序和相应模型进行中介效应检验，利用 SPSS 软件中的 process 插件，设置样本量为 5000，模型为 4，置信区间为 95%，并且将性别、年龄、受教育程度以及月收入情况当控制变量处理纳入模型中。

1. 检验在社交交互情境中折扣限量促销方式的中介作用

结果如表 6-3 所示，"促销方式→群体规范→订购意愿"和"促销方式→价值感知→订购意愿"中介路径的中介效应显著，中介效应值分别是 0.299（LLCI = 0.194，ULCI = 0.415，不包含 0）和 0.137（LLCI = 0.031，ULCI = 0.245，不包含 0）。在控制了中介路径后，"促销方式→订购意愿"的直接路径依然显著，直接效应值为 0.437（LLCI = 0.350，ULCI = 0.531，不包含 0）。表明此时群体规范和价值感知起到了部分中介的作用，H27a 和 H27b 得证。

表 6-3　群体规范和价值感知的中介作用

效应类型	具体路径	效应值	标准误 SE	T 值	P 值	95%置信区间 CI	
						LLCI	ULCI
直接效应	促销方式→订购意愿	0.437	0.047	9.374	0.000	0.350	0.531
中介效应	H27a 促销方式→群体规范→订购意愿	0.299	0.058	5.201	0.000	0.194	0.415
	H27b 促销方式→价值感知→订购意愿	0.137	0.056	2.475	0.000	0.031	0.245

具体中介作用如图 6-2 所示。

2. 检验在社交表现情境中赠品限时促销方式的中介作用

如表 6-4 所示，"促销方式→自我展示→订购意愿"和"促销方式→促销机会确定性→订购意愿"中介路径的中介效应显著，中介效应值分别是 0.214（LLCI = 0.126，ULCI = 0.315，不包含 0）和 0.240（LLCI = 0.109，ULCI = 0.376，不包含 0）。在控制了中介路径后，"促销方式→订购意愿"的直接路径依然显著，直接效应值为 0.454（LLCI = 0.344，ULCI = 0.566，不包含 0）。
表明此时自我展示和促销机会确定性起到了部分中介的作用，H29a 和 H29b
得证。

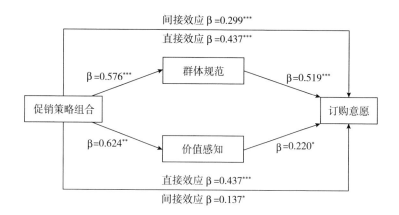

图 6-2　群体规范和价值感知的中介作用检验

注：＊表示 P<0.05，＊＊表示 P<0.01，＊＊＊表示 P<0.001。

表 6-4　自我展示和促销机会确定性的中介作用

效应类型	具体路径	效应值	标准误 SE	T 值	P 值	95%置信区间 CI	
						LLCI	ULCI
直接效应	促销方式→订购意愿	0.454	0.055	8.233	0.000	0.344	0.566
中介效应	H29a 促销方式→自我展示→订购意愿	0.214	0.048	4.488	0.000	0.126	0.315
	H29b 促销方式→促销机会确定性→订购意愿	0.240	0.066	3.665	0.000	0.109	0.376

具体中介作用如图 6-3 所示。

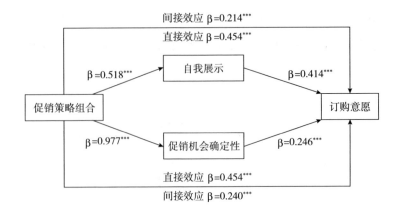

图 6-3　自我展示和促销机会确定性的中介作用检验

注：＊表示 P<0.05，＊＊表示 P<0.01，＊＊＊表示 P<0.001。

第四节　研究结论与启示

一、研究结论

本书以旅游促销为背景，围绕在线旅游产品的订购意愿影响进行了实证研究。在总结了前人对于框架效应理论、社交情境叙述理论、消费者行为学理论、促销应用等研究的基础上，研究了促销购买限制、促销方式以及旅游促销品中的社交情境如何影响消费者订购意愿进行了探讨，并分别讨论了不同社交情境叙述下的消费者心理作用机制。具体来说，本书构建了促销购买限制（限时 vs. 限量）、促销方式（折扣 vs. 赠品）和社交情境叙述（交互 vs. 表现）为组合的促销情境，考察了：①交互情境下的"限量促销+体验赠品"；②交互情境下的"限量促销+折扣促销"；③交互情境下的"限时促销+体验赠品"；④交互情境下的"限时促销+折扣促销"；⑤表现情境下的"限量促销+

体验赠品"；⑥表现情境下的"限量促销+折扣促销"；⑦表现情境下的"限时促销+体验赠品"；⑧表现情境下的"限时促销+折扣促销"共 8 种消费者的订购意愿影响强度，并按照交互情境和表现情境的分类探讨了不同情境下消费者订购意愿受到影响的路径。研究共回收了 2446 份有效数据，并通过 Smart - PLS 3.0、SPSS24.0 软件等工具进行统计分析，研究发现：

（1）8 种促销情境都对订购意愿产生了积极影响，但不同促销情境对订购意愿的影响之间差异显著。其中交互情境下，"折扣促销+限量促销"的方式对订购意愿的积极影响最强；表现情境下，"体验赠品+限时促销"的方式对订购意愿的积极影响最强。这两种促销情境对订购意愿的影响显著高于其他情境，并且两种情境之间的影响水平较为接近，差异不显著。交互情境下，由于消费者在交互情境的引导下更加关注旅游产品的价值，根据框架效应理论，折扣促销作为减损框架促销启发消费者倾向于旅游产品价值的追求，限量促销的组合则提供了更高的产品价值感知，因而"折扣促销+限量促销"比起其他组合更符合社交交互情境下的消费者心理；表现情境下，由于表现情境促进了消费者关注收益的确保而非收益的高低，而赠品促销作为获益型促销框架激发了消费者采取风险规避的行为，限时促销方式则比限量促销方式具有更高的机会确定性，因此表现情境下限时赠品促销有更好的订购意愿表现。

（2）交互情境下，促销情境通过群体规范和价值感知影响消费者订购意愿，群体规范和价值感知在其中起到了部分中介的作用。由于交互情境提供了强调社交、归属的信息，给予了消费者获得归属的目标导向，使得消费者容易沉浸于社交属性的叙事中，趋向于遵守群体规范；另外也启发了消费者对于旅游产品价值的追求，宁愿放弃一定的确定性而去追求更高的价值获取，因而群体规范和价值感知在促销情境对消费者订购意愿的影响中起到了中介作用。现实中也有许多与这个结论相称的场景，如亲朋好友组队出游时，由于大家齐聚一堂的机会来之不易，在制定旅行策略时会更看重旅行的质量和评价；将"社交旅游""家庭旅游"作为卖点的旅游促销宣传又容易使旅行消费者联想到未来食宿同行的伙伴，对于看重社交属性的消费者来说，亲朋好友的意见和倾向便更容易左右其决策。

（3）表现情境下，促销情境通过自我展示和促销机会确定性影响消费者订购意愿，自我展示和促销机会确定性在其中起到了部分中介的作用。对于将自我成长、地位展示等内容作为宣传特点的表现情境旅游促销，旅行消费者更容易从其中获得通过旅游来实现拓宽视野、提升境界、打造自我形象的动机，因而表现出积极的订购意愿；表现情境还启发了消费者聚焦结果而非产品价值本身的高低，即自己能否获得促销机会，因此表现出对促销机会确定性的偏好。获得促销机会的确定性越大、对自己获得机会的评价越高，消费者订购意愿越强。

二、管理启示

促销策略是商家刺激消费者，提高产品销量的重要手段。但并不是促销越大，消费者的购买意愿就越强，商家应根据产品特性进行促销策略的合理选择。促销策略可以分为促销限制、促销方式和促销情境叙述三部分，促销策略的选取可以多维度结合。

选择合理的促销组合方式。从以往促销活动中发现，单一的促销限制和促销方式很难高效激发消费者的购买意愿。因此，可以将促销限制、促销方式和促销情境叙述三部分结合，最大化地提高消费者订购意愿。例如，采用"限时+赠品+表现"的综合促销策略，限时促销引起消费者时间紧迫感，提升心理压力，赠品增强消费者获益感知，进而提升消费者的购买意愿。也可以采用"限量+折扣+社交"的综合促销策略，限量促销可以引起消费者对产品的感知稀缺性，而折扣能够减少消费者损益，消费者购买同样产品花费的价格更低，从多方面刺激消费者，提高购买意愿。但是，如何进行促销组合，不同类型的产品如何选择合适的促销组合还需要进一步分析。

从本书的结论来看，以不同的社交叙述方式来呈现旅游促销信息，并组合使用不同的促销购买限制和促销方式，都会对消费者的订购意愿产生不同的影响，企业可以充分考虑针对不同场景和不同群体来定制促销策略，从而达到最高的游客吸引力。本书中，采用社交交互情境呈现旅游促销信息时，限量折扣组合最能引起消费者的订购意愿；采用社交表现情境呈现旅游促销信息时，限时赠品组合则表现更优，并且两组场景分别通过不同的路径（交互情境对应价值感知和群体规范，表现情境对应自我展示和促销机会确定性等）影响消费者的意向。这意味着旅游行业可以更精准地抓住消费者的个人特质、群体特征、目的导向和确定性偏好，提供社交导向的团体出游路线和个人导向的精致旅行路线供消费者选择，并根据场景的不同提供多元化的服务，引导消费者的心理。在此基础上，再分别制定促销方式和促销购买限制的打法，最大限度地吸引消费者的订购意向。

1. 采用交互情境进行旅游促销

考虑到交互情境下消费者价值感知对旅游产品订购意愿的正向影响，可以从多个方面提升旅行消费者对旅游产品的价值感知：旅游产品的独特性是提高价值感知的关键之一。旅游经营者应该强调旅游产品的独特性，突出旅游产品的特色和独特之处，使消费者感到其与众不同，从而提高他们的价值感知；个性化的产品和服务是提高价值感知的关键。旅游经营者可以提供根据消费者需求定制的旅游产品和服务，包括特色旅游、主题旅游、定制化旅游等，满足消费者的个性化需求，提高他们的价值感知。品牌营销是提高价值感知的关键。旅游经营者可以加强品牌营销，通过建立品牌形象、提高品牌知名度和品牌忠诚度等方式，提高消费者对旅游产品的价值感知和购买意愿；旅游企业应该注重客户关系管理，建立良好的客户关系，提高客户忠诚度和满意度。旅游企业还可以通过提供优质的旅游产品和服务、提供个性化的服务和优惠等方式来建立良好的客户关系，从而提高消费者的价值感知和订购意愿。

交互情境下的旅游促销，可以发挥群体规范的作用，首先需要了解目标群体的行为规范和偏好。企业需要深入了解目标群体的行为规范和偏好，以确定何种群体规范对他们具有影响力。通过了解目标群体的行为规范和偏好，企业可以更有针对性地进行促销信息的传递，以不同的群体规范为背景，加强促销的说服力和潜在消费者的旅行意愿，比如对于年轻群体，推崇独立自我、专注生活品质的年轻化社交旅游形象，对于中年群体，推崇事业有成、家庭美满的家庭旅游形象；除此之外，社会认同感也是旅游促销宣传的一个落脚点。人们倾向于遵守与自己所属的群体相符的行为规范，因为这可以增强他们的社会认同感和群体归属感。企业可以利用这一点，通过塑造成套的旅游形象、旅游品牌故事和品牌文化，来吸引消费者并建立品牌忠诚度；利用群体压力，通过设计一些旅游促销活动营造全民参与、风尚标杆的氛围，引导周围群体期望和压力的影响，来促进消费者的购买行为。例如，让消费者感受到"别人都去过""我没去过就缺少了话题"的压力，从而提高购买意愿。其次，社交证据是指人们通过观察他人的行为、态度和评价来判断何种行为和态度是被接受的。企业可以利用社交证据来建立产品或品牌的良好声誉。例如，在广告中使用明星代言或客户评价等社交证据，可以使消费者认为该产品或品牌受到了广泛认可和赞誉，从而提高购买意愿。

2. 采用表现情境进行旅游促销

自我展示作为一种消费心理，是消费者购买决策中的重要因素之一，也是旅游预订意愿提高的重要因素之一。在旅游预订过程中，消费者往往会考虑自己的社会形象和身份认同，从而选择更加契合自己社会形象和身份认同的产品。例如，有些人选择豪华酒店和高端旅游产品，是为了展示自己的高品位和经济实力；而有些人则更喜欢选择具有文化内涵和独特性的旅游产品，以展示自己的审美品位和文化素养。此外，在设计和营销旅游产品时，需要深入了解目标市场的自我展示需求，以满足其需求并提高其订购意愿。此外，通过运用自我展示的策略，可以提高旅游产品的订购意愿：首先，旅游企业可以在产品设计和营销策略中注重塑造品牌形象，提高产品的社会认同度。通过品牌营销、网络宣传等方式，打造具有独特性和认同感的品牌形象，使消费者能够更加契合自己的社会形象和身份认同。例如，针对特定年龄、性别、职业等群体设计符合其需求和偏好的旅游产品，通过营销手段让目标群体更加认同和信任品牌，从而提高其订购意愿。其次，旅游企业可以通过社交媒体等渠道，为消费者提供展示自我形象和身份认同的机会。例如，在旅游产品推广过程中，鼓励消费者在社交媒体上分享旅游经历和照片，通过点赞、评论等方式提高消费者的社交认同感，从而增强其订购意愿。此外，企业还可以通过与社交媒体达成合作，提供更加精准的推广，为消费者提供更加个性化的旅游产品推荐。最后，旅游企业可以通过特殊化服务等方式，提高消费者的自我价值感和自我满足感。例如，针对不同消费者的需求提供差异化的服务，包括定制化行程、专业的导游讲解、私人订制等，从而提高消费者的自我价值感和满足感，进而增强其对旅游产品的订购意愿。在旅游产品的建设方面，也需要注意强化产品的文化内涵和独特性，注重文化内涵的挖掘和表达，让消费者在旅游过程中感受到文化的魅力和独特性。综上所述，旅游企业可以通过注重品牌形象建设、利用社交媒体提高社会认同感以及提供特殊化服务等方式，利用旅行消费者自我展示的动机，提高在线旅游产品的订购意愿。

第七章　退订政策研究

第一节　在线旅游产品退订政策作用流程

对于旅游产品的在线零售商而言，为在线旅游消费者提供退订服务，是其关注和追求用户体验的重要途径。在线旅游产品的退订是一种典型的 B2C 电子商务零售模式，与国内众多电子商务零售商采取的退货策略相仿（翟春娟和李勇建，2012）。通常情况下，B2C 电子商务模式下的退货商品有四个管理渠道：对于商品质量没有问题，顾客退货只是因为尺寸不合适、颜色不喜欢、感觉不适合等原因的退货商品，可同价再次销售给网络消费者；对于商品本身存在质量问题的，退给供应商；对于零售商的责任造成商品轻微破损、瑕疵的商品，低价销售给其他消费者；对于零售商责任造成商品无法销售，只能做报废处理，进行销毁。因此，根据前文对在线旅游产品退订政策的分析，将退订政策的作用流程进行概括，如图 7-1 所示。

在这一过程中，实线表示首次正向商流的过程，虚线表示因为退订产生的退订管理的商流过程。从消费者行为角度将退订政策引入顾客决策视域中讨论，能更好地理解退订政策的作用。对于在线旅游产品而言，其产品对象如上

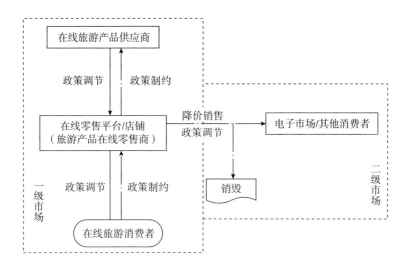

图 7-1 在线旅游产品退订政策作用流程

文分析所述，在线旅游产品包括景点门票、交通票务以及住宿预订等，在线旅游消费者在体验和感知前，并不能完全确定商品的价值含量，通常根据自身认知和商品描述以及经验来判断产品价值和订购行为选择。因此，当在线旅游产品的销售平台或店铺提供有差别的退订政策时，面对不同网站差异化不大的众多在线旅游产品，在线旅游消费者就会把所有的退订政策纳入其参考标准之内。作为在线旅游消费者，本身就有一个可退订的期望范围值，当在线零售平台或店铺提供的可退订时间长于在线旅游消费者预期时，通常选择订购；当在线旅游消费者获取在线旅游产品后会根据当时的兴趣、时间感、偏好等再一次估价，通过比较估价和对应的退订政策来决定是否退订，当估价小于退订价格时，多数人会选择退订，而退订是否成功又取决于退订政策的调节作用与制约力度。宽松的退订政策可以分担在线旅游消费者的购买风险，增加销售，扩大利润，却又可能增加退订率，增加运营成本，降低利润；严格的退订政策可能在一定程度上稳定退订率，却有可能增加在线旅游消费者的订购的风险和机会成本，降低订购量。因此，退订政策的宽松度，对于旅游产品在线零售商的退订策略而言，至关重要。

第二节　退订政策对在线旅游
消费者订购意愿的影响

　　套票，也称通票，是当前旅游景区主推的定价方式，是当前旅游景区进行统一管理与营销的手段，也是在线旅游消费者进行在线订购活动的主要对象，为了便于深入分析，此处将基于套票特征研究退订政策带给在线旅游消费者的订购心理和行为的反应机制，呈现退订政策对在线旅游消费者订购意愿的调节作用。

　　研究表明，在线预订套票无法为旅游消费者带来完整的事先体验信息，即便有服务保证，也难以完全消除旅游消费者的风险感知（Dowling 和 Staelin，1994）。在消费过程中，旅游消费者作为典型的有限理性经济人，又会在自身偏好、可支配时间、旅游景区实地规模与特色等多重因素的影响下确定自己对旅游景区的体验时间，也就是保留时间（海米提·依米提等，2009）。通常情况下，旅游消费者的游玩时间都存在一定程度的限制，很容易出现难以完全体验套票内项目或不得不承受时间限制带来的紧迫压力，影响旅游消费者对景区的体验质量、整体印象与综合评价，直接对其再次订购等行为产生不良影响。同时，购买套票的旅游消费者在经历了体验质量低下或者景点体验剩余时，难以要求退订，使得旅游消费者在线订购时必须承担高于实物购买时的心理风险，做出更为慎重的购买决策（金立印，2007）。在此背景下，良好的退订政策不仅可以有效地降低消费者的风险感知（何会文，2003），而且对于改善整体服务质量、促进顾客忠诚度都有积极作用。因此，旅游景区运营商制定有效的套票退订政策，是解决旅游消费者面临在线订购套票及消费过程中诸多问题的关键。不同于书籍、杂志、医疗产品等传统实物商品退货政策对时间上的要求（Adams 和 Yellen，1976），旅游景区套票的退订需要从消费者感知的角度出发，分析消费心理与消费需求，才能制定科学合理的套票退订政策，可以有效地降低消费者风险感知、提高价值感知（Pasternack，1985）。

一、研究模型与假设

一般而言，套票多采用组合定价，将旅游景区多个门票组合到一张票面，面值低于所含景点单价之和，本书将这二者的价格差异称为套票的价格优势。Adams 和 Yellen（1976）从两件产品组合定价模型中提出保留价格，认为保留价格是某件产品在消费者心中的预期价格，是刺激消费者做出购买决策的关键。而 Pasternack（1985）认为，消费者选购商品的前提是保留价格大于产品实价。Chitturi 等（2008）认为，满足或超出消费者实用需求的产品会提升消费者满意度。也就是说，消费者对套票的价值感知会随着套票的实际价格与消费者的保留价格差价的增加而增加，越有价格优势的套票，越能使消费者感受到套票的价格优势，越使消费者感受到套票的效用价值。根据社会交换理论（Social Exchange Theory），因互联网的虚拟性以及旅游产品自身的无形性、异地消费等特点，消费者通常感知到比传统购物环境中更高的风险。套票的价格优势可以有效地降低这种风险感知，也就是说套票的实际价格与消费者保留价格之间的差价越小，消费者对产品的风险感知越高（见图 7-2）。因此，提出如下假设：

H30a：套票的价格优势对消费者价值感知具有直接的正向影响。

H30b：套票的价格优势对消费者风险感知具有直接的负向影响。

由于很多旅游景点都会分为几大园区，再加上景区门票有效期的限制，消费者很有可能无法将每个园区都体验完，这时消费者就会感知到时间紧迫。Landy 等（1991）认为，时间紧迫是一个多维结果，包括时间意识、饮食习惯、调度、紧张度、列表、演讲模型及期限控制 7 个维度，并且将时间紧迫的模型用于个人的行为锚定量表，研究发现过高的时间紧迫感会使人们产生不安

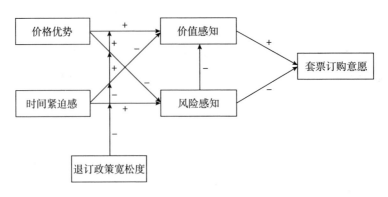

图 7-2　研究模型

情绪。同时，海米提·依米提等（2013）提出，消费者对套票的保留价格和保留时间都会影响消费者对景区套票的购买行为。也就是说，消费者对套票的时间紧迫感知增加，会导致消费者在体验过程中的满意度下降，从而影响消费者对套票的价值感知和风险感知。因此，提出如下假设：

H31a：消费者时间紧迫感知对其套票价值感知具有直接的负向影响。

H31b：消费者时间紧迫感知对其套票风险感知具有直接的正向影响。

伴随互联网的普及，消费者越来越倾向在网上选择自己心仪的产品或服务，Chu 等（1998）认为，在线订购方式的特点会给消费者带来更大的风险感知。可以降低消费者风险感知的方法有很多（李东进等，2011），但宽松的退货政策对于在线订购是最有效的方式之一。Wood（2001）研究表明，在互联网环境下，宽松的退货政策增加了消费者订购的可能性以及消费者对产品预期的正面评价。对于消费者来说，宽松的退货政策不仅可以降低其对产品、服务的风险感知，而且可以增加相应的预期效用（Hawes 和 Lumpkin，1986）。如果退货政策的提供方使消费者感受到退货政策宽松度很低，那么消费者将承担更多的订购风险，会降低购买意愿，同时产生负面情绪，降低套票的预期效用（Anderson 等，2009）。也就是说，退订政策宽松度越高，会增加消费者对套票价值感知，同时降低消费者对套票的风险感知。因此，提出如下假设：

H32a：退订政策宽松度正向调节套票价格优势对消费者价值感知的影响。

H32b：退订政策宽松度正向调节套票价格优势对消费者风险感知的影响。

H33a：退订政策宽松度负向调节消费者时间紧迫感知对价值感知的影响。

H33b：退订政策宽松度负向调节消费者时间紧迫感知对风险感知的影响。

消费者的风险感知作为影响消费者购买决策的重要影响因素，一般来说，如果消费者对套票的风险感知很强，他们就会放弃购买或降低其对交易后的预期效用（Cases，2002）。金立印（2005）通过实证分析证明了消费者风险感知的增加会降低其对服务价值的感知、满意预期，以及消费者服务价值感知对满意预期有显著正影响。也就是说，消费者对套票的价值感知会增加消费者的满意预期，从而提高其在线订购意愿。因此，提出如下假设：

H34a：消费者风险感知对套票价值感知有显著负影响。

H34b：消费者风险感知对套票订购意愿有显著负影响。

H35：消费者套票价值感知对套票订购意愿有显著正影响。

二、研究资料收集与整理

1. 数据收集

采用情景模拟实验法进行研究，被试选择四川某高校的在校大学生。本书以长隆度假区为实验背景，设计了"欢乐世界""野生动物世界"和"温泉乐园"三大园区，为避免品牌干扰，隐去了品牌，称为某知名度假区。考虑到人口统计特征可能会对研究结果产生影响，因大学生群体具有较高的同质性，所以本书将实证调研的目标群体确定为在校大学生，这样可以有效降低人口统计特征的影响，并采用了现场自填问卷的方式来收集数据。在预测试中，随机选择了50位学生进行问卷的填写，问卷回收率和有效率均为100%。笔者对预测试回收的问卷进行了信度和效度的检验，所有变量均通过了信度和效度的检验。此外，本书还对时间紧迫感知、价格优势以及退订政策宽松度进行了操控检验，检验结果表明套票定价、有效期及对退订的限制条件设置合理。

正式实验步骤如下：第一，分发给每位被试者一份关于该主题公园三大园区的详细介绍，并简单介绍了此次调研的意义，请其认真阅读。第二，发放调查问卷，根据真实意愿回答问题。第三，收回实验材料及填写好的问卷。整个调查过程平均用时约 8 分钟，共发放 345 份问卷，问卷回收率为 94.5%；回收 326 份，其中有效问卷 300 份，有效回收率为 86.9%。有效样本的基本特征大致如下：男女比例分别为 46.1%和 53.9%，平均年龄为 20 岁。

2. 问卷设计及变量测量

本书的问卷组成部分如下：

第一部分：情绪启动部分。要求被试者认真阅读关于主题公园三大园区的介绍。

第二部分：情境描述部分。通过深度访谈及前测结合该校大学生普遍可支配经费情况，将单个园区定价为 168 元，套票定价约为三个园区总价格的 80%，396 元。套票有效期为两天（园区开放时间：9：00~23：00）。关于退订政策，则为截止有效期，有园区尚未游览，可退还未产生费用。同时也为该退订政策设置了限制条件，包括需在截止期次日 24：00 前申请退款，且需登录官网输入套票编号，将在 7 个工作日内退还相关费用。

第三部分：背景资料部分。通过调查适用于了解被访者的年龄、性别、旅游经历以及在网上购买旅游产品等情况。

第四部分：变量测量部分。阅读完情绪模拟材料后，根据真实意愿回答问题。

各个变量问项的描述以及所使用的测量方法大多是总结已有的研究成果基础上所形成的，其中因为研究对象的差异性对一些词不搭意的语句进行了相应的修改，使其更符合本研究。对套票的两个内容特征，价格优势主要参考了查金祥等（2006）的研究中所使用的方法，使用了 3 个测项："套票的价格比三大园区门票价格之和便宜得多""购买套票会更经济实惠得多""套票是在各园区门票价格相加的基础上有非常优惠的折扣"。时间紧迫感知的测量根据 Herrington 和 Capella（1995）所使用过的方法，采用 4 个测项来测量："要在套票规定时间内完成该主题公园三大园区的游览，我必须抓紧时间""要在套票规定时间内完成该主题公园三大园区的游览，我觉得时间非常紧张""我没有足够的时间游览该主题公园的三大园区""我必须走得很快才可能在套票规定时间内完成该主题公园三大园区的游览"。风险感知的测量是在结合 Schiffman（2001）等以及金立印（2005）研究的基础上，从金钱损失风险、时间浪费的风险、心理风险、服务质量风险等方面测量，采用了 5 个测项："订购该主题公园套票我担心不划算""我担心套票的时间限制会导致玩得不尽兴""我对该主题公园的游览时间和体验质量有些担忧""我有可能在规定时限内完成不了该主题公园三大园区的游览""我担心如果没游览完所有园区，不小心错过退款截止期，会造成金钱损失"。消费者对景区套票价值感知的测量主要借鉴 Naylor 和 Frank（2001）在相关研究所使用过的方法，采用了 3 个测项来进行测量："游览该主题公园会'物有所值'""同我花的钱和投入的时间相比，我得到的会更多""该主题公园会是'超值'的"。订购意愿的测量借鉴了 Zeithaml、Berry 和 Parasuraman 的测量方法，主要使用了 3 个测项："我觉得我会选择购买该主题公园的套票""如果我购买了该主题公园的套票，我不会后悔""同其他门票购买方式相比，订购该套票是我更好的选择"。各个题项均采用 Likert 7 级量表来衡量被访者（潜在消费者）的态度，在问卷相关表述中 1 表示完全不符合，4 表示一般，7 表示完全符合。

三、数据分析

1. 测量的信度和效度检验

在检验假设前，首先使用 SPSS 17.0 软件对 300 个样本进行探索性因子分析。将各个题项进行主成分因子分析后，分析其形成的各个潜变量的信度系数，结果显示所有潜变量的 Alpha 系数均明显高于 0.60，整体为 0.879，KMO（Kaiser-Meyer-Olkin）值分别都在 0.743 以上，整体为 0.832，以上这些分析数据说明问卷整体具有较好的信度。被访者的年龄、性别、旅游情况等个人统计变量在检验题项的回答中没有显著差异。

量表测量的效度主要包括以下两个方面：第一，在内容效度方面，在本研究过程中使用的量表无论是测量题项还是测量方法均是借鉴已有的研究成果，并先进行了初测实验然后根据初测结果进行了删减。因而，可以认为本书使用的量表有较好的内容效度。第二，在构建效度方面。建构效度检验主要包括收敛效度与判别效度检验两个方面。通过进行验证性因子分析发现，所有问项的标准化因子载荷（F.L.）都大于 0.6，大多在 0.8 以上，组合信度（CR）都大于 0.8，平均变异抽取量（AVE 值）均大于 0.7，说明量表具有较高的收敛效度，详细检验结果如表 7-1 所示。

表 7-1　量表的收敛效度检验

潜变量	问项	F. L.	组合信度	AVE
价格优势	jgys1	0.936	0.939	0.837
	jgys2	0.916		
	jgys3	0.877		
时间紧迫感知	sjjpgz1	0.839	0.916	0.731
	sjjpgz2	0.910		
	sjjpgz3	0.825		
	sjjpgz4	0.844		
价值感知	jzgz1	0.926	0.931	0.819
	jzgz2	0.969		
	jzgz3	0.867		
风险感知	fxgz1	0.629	0.939	0.837
	fxgz2	0.901		
	fxgz3	0.822		
	fxgz4	0.873		
	fxgz5	0.782		
退订政策宽松度	ksd1	0.864	0.892	0.733
	ksd2	0.819		
	ksd3	0.884		

续表

潜变量	问项	F.L.	组合信度	AVE
订购意愿	dgyy1	0.901	0.923	0.799
	dgyy2	0.889		
	dgyy3	0.892		

本书将所有潜在变量的 AVE 平方根值放入潜变量间相关系数矩阵进行比较，均满足了大于其所在行与列潜变量相关系数绝对值的标准，说明量表通过了判别效度检验，具体比较结果如表 7-2 所示。

表 7-2　量表的判别效度检验

潜变量	Mean	SD	价格优势	时间紧迫感知	价值感知	风险感知	退订政策宽松度	订购意愿
价格优势	4.43	1.317	**0.915**					
时间紧迫感知	4.41	1.281	0.317	**0.855**				
价值感知	4.12	1.14	0.379	0.317	**0.905**			
风险感知	4.69	1.078	0.189	0.436	0.318	**0.816**		
退订政策宽松度	4.12	1.102	0.284	0.157	0.539	0.15	**0.856**	
订购意愿	3.99	1.252	0.486	0.118	0.557	-0.026	0.365	**0.894**

注：对角线的数值（黑体部分）代表平均方差萃取量（AVE）的均方根，对角线下方是构面之间的相关系数。

2. 假设检验

通过以上研究结果分析，可用于检验研究假设。通过检验发现，本书的 11 个研究假设中，有 4 条路径关系的 T 值绝对值小于 1.96（P>0.05），因而部分假设未能获得支持，其他研究假设均得到验证，详细情况如表 7-3 所示。

表7-3 假设检验结果

路径关系（假设）	方向	路径系数	T 值	结果
H30a 价格优势→价值感知	正	0.198	2.486 **	支持
H30b 价格优势→风险感知	负	-0.012	0.159	不支持
H31a 时间紧迫感知→价值感知	负	-0.194	2.823 ***	支持
H31b 时间紧迫感知→风险感知	正	0.443	5.684 ***	支持
H32a 退订政策宽松度调节 价格优势→价值感知	正	0.109	1.972 *	不支持
H32b 退订政策宽松度调节 价格优势→风险感知	正	0.079	0.945	不支持
H33a 退订政策宽松度调节 时间紧迫感知→价值感知	正	0.085	1.143	不支持
H33b 退订政策宽松度调节	负	-0.179	2.518 *	支持
时间紧迫感知→风险感知				
H34a 风险感知→价值感知	负	-0.003	0.047	不支持
H34b 风险感知→订购意愿	负	-0.135	2.551 *	支持
H35 价值感知→订购意愿	正	0.582	10.369 ***	支持

注：* 表示 P<0.05，** 表示 P<0.01，*** 表示 P<0.001。

四、研究结论

本书从消费者感知出发，由套票特征形成自变量价格优势与时间紧迫感知；以消费者的价值感知和风险感知作为中介变量，以退订政策宽松度作为调节变量，实证研究了套票的特征及退订政策宽松度对消费者订购意愿的影响作用。分析结果表明：价值感知的提升会有效提高消费者对套票的订购意愿；风险感知会影响消费者的订购意愿，降低风险感知可提高消费者对套票的订购意愿。价格优势显著正向影响价值感知，从而正向影响订购意愿；消费者时间紧迫感知显著正向影响风险感知，从而负向影响订购意愿；退订政策宽松度正向调节套票价格优势与消费者价值感知的关系；退订政策宽松度负向调节时间紧迫感知与风险感知的关系。

第三节　在线旅游产品退订政策优化建议

退订政策是降低消费者购买过程中不确定性的重要影响因素，在线购物中，消费者无法对产品进行直接接触与体验，对产品信息充满不确定性，而退订制度作为信号，能为消费者提供保障，提升消费者信任。宽松的退订政策能有效提高消费者信任，缩短购物决策时间，提升消费者购买意愿，但是太过宽松的退订政策可能会导致消费者退订频繁，提升商家的机会成本，不利于商家发展。

因此，要根据产品特征制定合理的退订政策。酒店、门票等产品销售存在机会成本，应根据时间设置合理的退订费用，如门票退订时间 3 天以上不收额外费用，支持全额退款，1~3 天要收取 5% 的退订费用，1 天之内收取 10%，当天收取 50% 等；针对退订程序，即将消费者决定退订、与商家沟通、退款这个流程尽可能精简，保证整个退订流程的快速、高效。

1. 优化产品策略，从源头上降低退订率

从降低在线旅游产品退订率的角度出发，研究在线旅游产品策略，应考虑在线旅游消费者的个人期望。个人期望是在线旅游消费者对在线旅游产品质量、使用方便程度、消费过程体验偏好等的综合需求，呈现出不同在线旅游消费者因人而异的个性化特质。要满足这一需求，在线旅游商应在统计分析在线产品消费人群特征的基础上，邀请在线旅游消费者参与到在线旅游产品的设计和生产，将在线旅游消费者的需求充分融入其旅游产品设计中，能够增强在线旅游消费者在心理和行为上的主动性与积极性，减少甚至规避退订意向。另外，在获得在线旅游消费者个性需求的同时，在线旅游商们还应不断分析总结其中的共同性和规律，从在线旅游消费者的需求角度出发，进行在线旅游产品创新。需知，在线旅游消费者从信息浏览和信息咨询等获得信息开始，到对各

种旅游方案的对比以及进行在线旅游产品的选择和决策，每一个步骤的需求都不尽相同。在线旅游零售商应努力对这些不同的需求进行深度挖掘，将不同的需求及时反馈给在线旅游供应商，对需求信息进行贮存，随时调用以根据在线旅游消费者的个性特点构思和设计符合需求的在线旅游产品，提高在线旅游消费者的满意度。

2. 优化服务策略，提升消费满意度

旅游产品的在线服务通过直接影响在线旅游消费者的心理和感知，作用于其消费意愿。对于在线旅游产品消费者而言，在进行在线旅游产品选择、订购和消费的过程中，及时、良好的沟通和服务，能够促进在线旅游消费者们获得安全感、提升满意度、降低疑虑，从而减少抱怨以及由此可能产生的退订行为。

早在2004年，Buhalis等（2004）就指出了客户关系对于在线旅游的重要作用，认为客户关系是信息和通信技术环境下的旅游行业发展需要关注的重点。通过网络式的客户关系管理进行在线旅游数据挖掘，能够从真正意义上实现在线旅游一对一的个性化营销，使得建立客户关系的能力成为在线旅游营销的核心，但其具体操作和实现却存在较大的困难。

因此，突出以客户关系管理为核心的在线旅游产品服务，建立在线旅游消费者数据库，可以采用"精准营销"的在线旅游服务管理策略。美国的Expedia.com为改进服务增加新功能的做法值得借鉴，其在线旅游服务甚至细化到一个家庭旅行区、一个帮助消费者进行对比的功能、一个帮助在线旅游消费者得到最佳期望座位的点座系统等，可以储存在线旅游消费者以往的搜索查询、度假和航行路线，还能为常用客户提供快递服务等，对于疑问咨询和消费过程中出现的问题，可以随时在该在线网站上找到一个由250名员工组成的在线旅游消费者服务部门帮忙。总体而言，"精准营销"通过完善的数据库系统和自动的信息化系统，以在线旅游消费者为中心，充分考虑其所需要的和可能涉及的服务需求。例如，旅游消费者购买在线旅游产品期间，会被提醒相关注意事项，由具有专门知识与经验的客服进行旅游咨询和建议服务，尽可能解决在线旅游消费者遇到的问题，从服务层面提高满意度、减少退订行为发生。

3. 优化退订渠道，完善退订机制

随着信息技术的快速发展、交通条件的改善，旅游者会选择在线订购方式购买景区门票，在这样的背景下，景点运营方对套票的管理机制应当被提到新的高度。景区门票的预订问题一直是我国学术界争议的焦点，在新的市场背景下，这一问题解决的好坏会直接影响到消费者以及运营商的切身利益。要实现提高消费者订购意愿和满意度、有效降低消费者风险感知目标，景区运营商可以从以下几点出发：

第一，实行景区门票套票机制。本书通过实证分析证实了套票的价格优势可以有效提高消费者的价值感知，从而提高消费者对套票的订购意愿，因而管理者可以利用套票价格优势来使服务"升值"。套票面值与实际其所包含景区门票价格之差所形成的价格优势，使消费者产生购买套票会更经济实惠的感知，从而激发消费者的订购意愿。同时，套票的价格优势会提高消费者的体验效能与满意度，景区运营商也会因此而具有较强的竞争力。所以，企业可以通过景区门票套票制度来吸引潜在消费者，以实现利益最大化。

第二，对套票有效期进行设置。研究实证分析发现。消费者对套票的时间紧迫感会直接降低消费者的价值感知，同时增加消费者的风险感知，从而影响消费者的订购意愿。套票一般要求消费者在规定时间内把所含园区体验完，这样会增加消费者时间紧迫感。该感知会使消费者感受到较大的心理压力，从而会降低其体验质量以及对套票的满意度。要解决如何有效降低消费者时间紧迫感知问题，就要从根本上调整套票的有效期的设置，树立以消费者导向的服务理念。

第三，完善套票退订机制。本书也证实了套票价格优势对消费者订购意愿有积极作用，相反，时间紧迫感会负向影响消费者的套票订购意愿。退订政策宽松度可以有效调节以上两者之间的作用关系。此外，虽然退订政策宽松度并不能直接提高消费者的服务价值，但是却可以调节套票价格优势对消费者价值感知的作用，通过市场信号理论可知，景区运营商的退订政策可以向消费者传递一种关于体验质量水平的信息，使他们对景区体验产生正面的联想，进而提升消费者心目中主观感知的体验质量水平。同时，宽松的退订政策不会使消费者认为该政策是不可用的，反而会认为这是景区运营商对购买套票的服务承诺，从而对体验质量产生良好的预期。所以，良好的套票退订机制除能吸引潜在消费者订购外，还可以直接用来构建消费者对商家的信任，帮助商家树立诚信形象。

参考文献

［1］Abendroth L J. The souvenir purchase decision：Effects of online availability［J］. International journal of culture，tourism and hospitality research，2011，5（2）：173-183.

［2］Adams W J，Yellen J L. Commodity bundling and the burden of monopoly［J］. Quarterly Journal of Economics，1976，90（8）：475-498.

［3］Aggarwal P，Jun S Y，Hun J H. Scarcity messages［J］. Journal of Advertising，2011，40（3）：19-30.

［4］Aggarwal P，Sung Youl J，Jong Ho H. Scarcity Messages［J］. Journal of Advertising，2011，40（3）：19-30.

［5］Alavi S，Bornemann T，Wieseke J. Gambled price discounts：A reme dy to the negative side effects of regular price discounts［J］. J ournal of Marketing，2015，79（2）：62-78.

［6］Ambilkar P，Dohale V，Gunasekaran A，et al. Product returns mana-gement：A comprehensive review and future research agenda［J］. In ternational Journal of Production Research，2022，60（12）：3920-3944.

［7］Anderson E T，Hansen K，Simester D. The option value of returns：Theory and empirical evidence［J］. Marketing Science，2009，28（3）：405-423.

［8］Antonio N, de Almeida A, Nunes L. Big data in hotel revenue-mana gement: Exploring cancellation drivers to gain insights into booking cancellation behavior ［J］. Cornell Hospitality Quarterly, 2019, 60 (4): 298-319.

［9］Baumeister R F, Jones E E. When self-presentation is constrained by the target's knowledge: Consistency and compensation ［J］. Journal of Personality and Social Psychology, 1978, 36 (6), 608-618.

［10］Blote A W, Kint M J, Miers A C, Westenberg P M. The relation between public speaking anxiety and social anxiety: A review ［J］. Journal of Anxiety Disord, 2009, 23 (3): 305-313.

［11］Buhalis D, Ma Xiaoqiu, Zhang Lingyun (trans) . Tourism electronic commerce: Tourism information technology strategy management ［M］. Beijing: Tourism Education Press, 2004.

［12］Cai L A, Feng R, Breiter D. Tourist purchase decision involvement and information preferences ［J］. Journal of vacation Marketing, 2004, 10 (2): 138-148.

［13］Cases A. Perceived risk and risk-reduction strategies in internet shopping ［J］. Distribution and Consumer Research, 2002, 12 (4): 375-394.

［14］Chandon P, Wansink B, Laurent G. A benefit congruency framework of sales promotion effectiveness ［J］. Journal of Marketing, 2000, 64 (4): 65-81.

［15］Chatterjee S, Atav G, Min J, et al. Choosing the sure gain and the sure loss: Uncertainty avoidance and the reflection effect ［J］. Journal of Consumer Marketing, 2014, 31 (5): 351-359.

［16］Chitturi R, Raghunathan R, Mahajan V. Delight by design: The role of hedonic versus utilitarian benefits ［J］. Journal of Marketing, 2008, 72 (3): 48-63.

［17］Chiu C K. Understanding relationship quality and online purchase intention in e-tourism: A qualitative application [J]. Quality & Quantity, 2009, 43 (4): 669-675.

[18] Chu W, Gerstner E, Hess J D. Managing dissatisfaction how to decrease customer opportunism by partial refunds journal of service research, 1998, 1 (2): 140-155.

[19] Cialdini R B. Influence: Science and practice [M]. New York: Harper Collins, 1993.

[20] D'astous A, Landreville V. An experimental investigation of factors affecting consumers' perceptions of sales promotions [J]. European Journal of Marketing, 2003, 37 (11/12): 1746-1761.

[21] Davis F D. Perceived usefulness, perceived ease of use, and user acceptance of information technology [J]. Mis Quarterly, 1989, 13 (3): 319-340.

[22] De Jaegher H, Di Paolo E, Gallagher S. Can social interaction constitute social cognition? [J]. Trends in Cognitive Sciences, 2010, 14 (10): 441-447.

[23] Dickinger A, Mazanec J. Consumers' preferred criteria for hotel online booking [M] //Information and communication technologies in tourism 2008. Springer, Vienna, 2008: 244-254.

[24] Di Pietro L, Pantano E. Social network influences on young tourists: An exploratory analysis of determinants of the purchasing intention [J]. Journal of Direct, Data and Digital Marketing Practice, 2013 (15): 4-19.

[25] Dogra N, Adil M, Sadiq M, et al. Demystifying tourists' intention to purchase travel online: The moderating role of technical anxiety and attitude [J]. Current Issues in Tourism, 2022: 1-20.

[26] Dowling G R, Staelin R. A model of perceived risk and intended risk-handling activity [J]. Journal of Consumer Research, 1994, 21 (1): 119-134.

[27] Escobar-Rodríguez T, Carvajal-Trujillo E. Online purchasing tickets for

low cost carriers: An application of the unified theory of acceptance and use of technology (UTAUT) model [J]. Tourism Management, 2014 (43): 70-88.

[28] Fishbein M, Ajzen I. Belief, attitude, intention and behaviour: An introduction to theory and research [J]. Addison-wesley, reading MA Philosophy & Rhetoric, 1977, 41 (4): 842-844.

[29] Friedrich T, Schlauderer S, Overhage S. The impact of social commerce feature richness on website stickiness through cognitive and affective factors: An experimental study [J]. Electronic Commerce Research and Applications, 2019, 36 (12): 100861.

[30] Gefen D, Straub K. Trust and TAM in online shopping: An integrated model [J]. MIS Quarterly, 2003, 27 (1): 51-90.

[31] Ghose A, Ipeirotis P G. Designing novel review ranking systems: Predicting usefulness and impact of reviews [C]. International Conference on Electronic Commerce. ACM, 2007.

[32] Gonzalez C, Dana J, Koshino H, et al. The framing effect and risky decisions: Examining cognitive functions with fMRI. [J]. Journal of Economic Psychology, 2005, 26 (1): 1-20.

[33] Hamdan H, Yuliantini T. Purchase behavior: Online tour package [J]. Dinasti International Journal of Management Science, 2021, 2 (3): 420-434.

[34] Handayani P W, Arifin Z. Factors affecting purchase intention in tourism e-marketplace [C]. International Conference on Research & Innovation in Information Systems. IEEE, 2017: 1-6.

[35] Hawes J M, Lumpkin J R. Perceived risk and the selection of a retail patronage mode [J]. Journal of the Academy of Marketing Science, 1986, 14 (4): 37-42.

[36] Hayes A F. Introduction to mediation, moderation, and conditional

process analysis: A regression-based approach [M]. Guilford Press, 2013.

[37] Hélia Gonçalves Pereira, Maria de Fátima Salgueiro, Paulo Rita. Online determinants of e-customer satisfaction: Application to website purchases in tourism [J]. Service Business, 2017, 11 (2).

[38] Hendriks P. Why share knowledge? The influence of ICT on the motivation for knowledge sharing [J]. John Wiley & Sons, Ltd, 1999, 6 (2): 91-100.

[39] Hyeshink, Jin Y P, Byoungho J. Dimensions of online community attributes examination of online communities hosted by companies in Korea [J]. International Journal of Retail & Distribution Management, 2008, 36 (10): 87-102.

[40] Inman J J, Mcalister L. Do coupon expiration dates affect consumer behavior? [J]. Journal of Marketing Research (JMR), 1994, 31 (3): 423-428.

[41] Jasmina Berbegal-Mirabent, Marta Mas-Machuca, Frederic Marimon. Antecedents of online purchasing behaviour in the tourism sector [J]. Industrial Management & Data Systems, 2016, 116 (1).

[42] Jaspreet Kaur, Harmeen Soch. Mobile shopping adoption by Indian consumers: An examination of extended technology acceptance model [J]. International Journal of Technology Transfer and Commercia Lisation, 2021, 18 (1).

[43] J Duncan Herrington, Louis M Capella. Shopper reactions to perceived time pressure [J]. International Journal of Retail & Distribution Management, 1995, 23 (12): 13-20.

[44] Jumin Lee, Do-Hyung Park, Ingoo Han. The effect of negativeonline consumer reviews on product attitude: An information processing view [J]. Electronic Commerce Research and Applications, 2007, 7 (3): 341-352.

[45] Kempf D S. Attitude formation from product trial: Distinct roles of cognition and affect for hedonic and functional products [J]. Psychology & Marketing,

1999, 16 (1): 35-50

[46] Kim M J, Chung N, Lee C K. The effect of perceived trust on electronic commerce: Shopping online for tourism products and servicesin South Korea [J]. Tourism Management, 2011, 32 (2): 256-265.

[47] Kourtesopoulou A, Theodorou S D, Kriemadis A, et al. The impact of online travel agencies web service quality on customer satisfaction and purchase intentions [J] . [48] Krippendorff K H. Content analysis: An introduction to its methodology [M] . Thousand Oaks: Sage Publications, 2003.

[49] Krishnamurthy S. A comprehensive Analysis of Permission Marketing [J]. Journal of Computer-Mediated Communication, 2001, 2 (1): 134-157.

[50] Ktihberger A. The influence of framing on risky decisions: A meta-analysis [J] . Organizational Behavior and Human Decision Processes, 1998, 75 (1), 23-55.

[51] Ku H, Kuo C, Kuo T. The effect of scar-city on the purchase intentions of prevention and promotion motivated consumers [J] . Psychology and Marketing, 2012, 29 (8) .

[52] Landy E J, Rastegary H, Thayer J, Colvin C. Timeurgency: The construct and its measurement [J] . Journal of Applied Psychology, 1991 (76): 644-657.

[53] Laran J, Tsiros M. An investigation of the effectiveness of un certainty in Marketing Prom. [J] . Journal of Marketing, 2013, 77 (2): 112-123.

[54] Leary M R, Kowalski R M. Impression management: A literature review and two-component model [J] . Psychological Bulletin, 1990, 107 (1): 34-47.

[55] Li C Y. How social commerce constructs influence customers' social shopping intention? An empirical study of a social commerce website [J]. Technological Forecasting & Social Change, 2019, 144 (7): 282-294.

[56] Li L M W, Liu M, Ito K. The relationship between the need to belong and nature relatedness: The moderating role of independent self-construal [J]. Frontiers in Psychology, 2021, 12 (12): 1-8.

[57] Luo X M, Tong S L, Fang Z, et al. Frontiers: Machines vs. humans: The impact of artificial intelligence chatbot disclosure on customer purchases [J]. Marketing Science, 2019, 38 (6): 937-947.

[58] Lu W, Wu H. How online reviews and services affect physician outpatient visits: Content analysis of evidence from two online health care communities [J]. JMIR Medical Informatics, 2019, 7 (4).

[59] Lu Xinyuan, Li Yangli, Li Shanshan, Bian Chunhui. 在线购物社区中用户分享对消费者购买意愿的影响研究——以"小红书"为例 [C]. 第十三届 (2018) 中国管理学年会论文集, 2018: 63-75.

[60] Majeed S, Zhou Z, Lu C, et al. Online tourism information and tourist behavior: A structural equation modeling analysis based on aself-administered survey [J]. Frontiers in Psychology, 2020 (11): 599.

[61] Ma M, Agarwal R. Through a glass darkly: Information technology design, identity verification, and knowledge contribution in online communities [J]. Information Systems Research, 2007, 18 (1): 42-67.

[62] Mcelroy T, Seta J J. Framing effects: An analytic-holistic perspective [J]. Journal of Experimental Social Psychology, 2003, 39 (6): 610-617.

[63] Minnema A, Bijmolt T H A, Gensler S, et al. To keep or not to keep: Effects of online customer reviews on product returns [J]. Journal of Retailing, 2016, 92 (3): 253-267.

[64] Mohseni S, Jayashree S, Rezaei S, et al. Attracting tourists to travel companies' websites: The structural relationship between website brand, personal value, shopping experience, perceived riskand purchase intention [J]. Current Is-

sues in Tourism, 2018, 21 (6): 616-645.

[65] Moon J W, Kim Y G. Extending the TAM for a world-wide-web context [J]. Information & Management, 2001, 38 (4): 217-230.

[66] Naylor G, Frank K E. The effect of price bundling on consumer perceptions of value [J]. Journal of Services Marketing, 2001.

[67] Naylor G, Frank K E. The effect of price bundling on consumer perceptions of value [J]. Journal of Services Marketing, 2013, 15 (4): 270-281.

[68] Nielsen J H, Escalas J E. Easier is not always better: The moderating role of processing type on preference fluency [J]. Journal of Consumer Psychology, 2010, 20 (3): 295-305.

[69] Novemsky N, Dhar R, Schwarz N, et al. Preference Fluency in Choice [J]. Journal of Marketing Research, 2007, 44 (3): 347-356.

[70] Nunkoo R, Ramkissoon H. Travelers' e-purchase intent of tourism products and services [J]. Journal of Hospitality Marketing & Management, 2013, 22 (5): 505-529.

[71] Oghazi P, Karlsson S, Hellström D, et al. Online purchase return policy leniency and purchase decision: Mediating role of consumer trust [J]. Journal of Retailing and Consumer Services, 2018 (41): 190-200.

[72] Olson J C, Jacoby J. Consumer response to price: An attitudinal information processing perceptive, in moving Ahead with attitude research, yoram wind and marshall greenberg, eds. Chicago: American Marketing Association, 1977.

[73] Panda R, Fernandes S F. Product conspicuousness and reference group influence among women: An empirical analysis [J]. International Journal of Public Sector Performance Management, 2019, 5 (3/4): 384.

[74] Pappas N. Effect of marketing activities, benefits, risks, confusion due to over-choice, price, quality and consumer trust on online tourism purchasing

[J]. Journal of Marketing Communications, 2017, 23 (2): 195-218.

[75] Pasternack B A. Optimal pricing and return policies for perishable commodities [J]. Marketing Science, 1985, 4 (2): 166-176.

[76] Pereira H G, de Fátima Salgueiro M, Rita P. Online purchase determinants of loyalty: The mediating effect of satisfaction in tourism [J]. Journal of Retailing and Consumer Services, 2016 (30): 279-291.

[77] Ponte E B, Carvajal-Trujillo E, Escobar-Rodríguez T. Influence of trust and perceived value on the intention to purchase travel online: Integrating the effects of assurance on trust antecedents [J]. Tourism Management, 2015 (47): 286-302.

[78] Puntoni S, Tavassoli N T. Social context and advertising memory [J]. Journal of Marketing Research, 2007, 44 (2): 284-296.

[79] Quaglione D, Crociata A, Agovino M, et al. Cultural capital and online purchase of tourism services [J]. Annals of Tourism Research, 2020 (80): 102797.

[80] Racherla P, Friske W. Perceived usefulness of online consumer reviews: An exploratory investigation across three services categories [J]. Electronic Commerce Research and Applications, 2013, 11 (6).

[81] Rao A R, Monroe K B. The moderating effect of prior knowledge on cue utilization in product evaluations [J]. Journal of Consumer Research, 1988, 15 (2): 253-264.

[82] Rasty F, Chou C J, Feiz D. The impact of internet travel advertising design, tourists' attitude, and internet travel advertising effect on tourists' purchase intention: The moderating role of involvement [J]. Journal of Travel & Tourism Marketing, 2013, 30 (5): 482-496.

[83] Razak N S A, Marimuthu M, Omar A, et al. Trust and repurchase intention on online tourism services among Malaysian consumers [J]. Procedia-Social

and Behavioral Sciences, 2014 (130): 577-582.

[84] Rese A, Ganster L, Baier D. Chatbots in retailers' customer communication: How to measure their acceptance? [J]. Journal of Retailing and Consumer Services, 2020 (56): 102176.

[85] Reyna V F, Brainerd C J. Fuzzy-trace theory and framing effects in choice: Gist extraction, truncation, and conversion [J]. Journal of Behavioral Decision Making, 1991, 4 (4): 249-262.

[86] Rezaei S, Ali F, Amin M, et al. Online impulse buying of tourism products: The role of web site personality, utilitarian and hedonic web browsing [J]. Journal of Hospitality and Tourism Technology, 2016, 7 (1): 60-83.

[87] Rokonuzzaman M, Mukherjee A, Iyer P, et al. Relationship between retailers' return policies and consumer ratings [J]. Journal of Services Marketing, 2020, 34 (5): 621-633.

[88] Roselius T. Consumer Rankings of Risk Reduction Methods [J]. Journal of Marketing, 1971, 35 (1): 56-61.

[89] Sadiq M, Dogra N, Adil M, et al. Predicting online travel purchase behavior: The role of trust and perceived risk [J]. Journal of Quality Assurance in Hospitality & Tourism, 2022, 23 (3): 796-822.

[90] Sahli A B, Legoherel P. The tourism web acceptance model: A study of intention to book tourism products online [J]. Journal of Vacation Marketing, 2016, 22 (2): 179-194.

[91] Sahli A B, Legohérel P. Using the decomposed theory of planned behavior (DTPB) to explain the intention to book tourism products online [J]. International Journal of Online Marketing (IJOM), 2014, 4 (1): 1-10.

[92] Sahoo N, Dellarocas C, Srinivasan S. The impact of online product reviews on product returns [J]. Information Systems Research, 2018, 29 (3):

723-738.

[93] San Martín H, Herreroá. Influence of the user's psychological factors on the online purchase intention in rural tourism: Integrating innovativeness to the UTAUT framework [J] . Tourism Management, 2012, 33 (2): 341-350.

[94] San-Martin S, Jimenez N, Liebana-Cabanillas F. Tourism value vs barriers to booking trips online [J] . Journal of Retailing and Consumer Services, 2020 (53): 101957.

[95] Sinha I. A conceptual model of the role of situational type on consumer choice behavior and consideration sets [J] . Advances in Consumer Research, 1994, 21 (1): 477-482.

[96] Springer Proceedings in Business and Economics, 2019: 343-356.

[97] Storme M, Myszkowski N, Davila A, Bournois F. How subjective processing fluency predicts attitudes toward visual advertisements and purchase intention [J] . Journal of Consumer Marketing, 2015, 32 (6): 432-440.

[98] Suryawardani B, Wulandari A, Marcelino D. Tourism 4.0: Digital media communication on online impulse buying and e-satisfaction [J] . BISMA (Bisnis dan Manajemen), 2021, 14 (1): 74-93.

[99] Tariyal A, Bisht S, Rana V, et al. Utilitarian and hedonic values of eWOM media and online booking decisions for tourist destinations in India [J]. Journal of Open Innovation: Technology, Market, and Complexity, 2022, 8 (3): 137.

[100] Tseng A. Why do online tourists need sellers' ratings? Exploration of the factors affecting regretful tourist e-satisfaction [J] . Tourism Management, 2017 (59): 413-424.

[101] Tversky A, Kahneman D. The framing of decisions and the psychology of choice [J] . American Association for the Advancement of Science. Science,

1981, 211 (4481): 453.

[102] Tversky A, Kahneman D. The framing of decisions and the rationality of choice [J] . Science, 1981: 503-520.

[103] van Lissa C J, Hawk S T, Branje S J, Koot H M, van Lier P A, Meeus W H. Does reference group involvem ent moderate the association between parenting and adolescent adjustment? Evidence from the netherlands [J] . Journal of Youth and Adolescence, 2020, 49 (7): 1479-1492.

[104] Walsh G, Möhring M. Effectiveness of product return - prevention I nstruments: Empirical evidence [J] . Electronic Markets, 2017 (27): 341-350.

[105] Wei W A, Rrc B, Cxo C, et al. Media or message, which is the king in social commerce? An empirical study of participants' intention to repost marketing messages on social media [J] . Computers in Human Behavior, 2019 (93): 176-191.

[106] Winkielman P, Schwarz N, Reber R, et al. The hedonic marking of processing fluency: Implications for evaluative judgment [M] . Erlbaum. 2003.

[107] Wood S L. Remote purchase environments: The influence of return policy leniency on two-stage decision processes [J] . Journal of Marketing Research, 2001, 38 (2): 157-169

[108] Wood S L. Remote purchase environments: The influence of return policy leniency on two-stage decision processes [J] . Journal of Marketing Research, 2001, 38 (2): 157-169.

[109] Zeithaml V A, L L Berry, A Parasuraman. The behavioral consequences of service quality [J] . Journal of Marketing, 1996, 60 (4): 31-46.

[110] Zhao J, Wang H. Detection of fake reviews based on emotional orientation and logistic regression [J] . CAAI Transactions on Intelligent Systems, 2016, 11 (3): 336-342.

［111］Zhao X, Lynch J G, Chen Q. Reconsidering baron and kenny：Myths and truths about mediation analysis［J］. Journal of Consumer Research，2010，37（2）：197-206.

［112］Zeithaml, V A, Berry L L, Parasuraman A. "The Behavioral Consequences of Service Quality"［J］. Journal of Marketing，1996，60（4）：31-46.

［113］Özbek A P V, Günalan L M, KOÇ A P F, et al. The effects of perceived risk and cost on technology acceptance：A study on tourists' use of online booking［J］. Manisa Celal Bayarüniversitesi Sosyal Bilimler Dergisi，2015，13（2）：227-244.

［114］包敦安，董大海. 基于ELM的网络评论信息可信性影响因素研究［J］. 现代管理科学，2009（11）：107-109.

［115］包敦安，董大海，孟祥华. 浏览者感知发帖者类社会互动关系研究［J］. 管理学报，2011，8（7）：1010-1020.

［116］毕达天，楚启环，曹冉. 基于文本挖掘的消费者差评意愿的影响因素研究［J］. 情报理论与实践，2020，43（10）：137-143.

［117］毕达宇，张苗苗，曹安冉. 基于情感依恋的用户高质量在线评论信息生成模式［J］. 情报科学，2020，38（2）：47-51+124.

［118］蔡路路. B2C环境下基于退货成本的退货政策的决策研究［J］. 商场现代化，2012（18）：14-16.

［119］蔡燕，汪泽. 基于技术接受模型的中文学习者直播课程学习意愿研究［J］. 语言教学与研究，2022（5）：35-46.

［120］陈春峰，张德鹏，张凤华，高鸿铭. 专业口碑还是群众口碑更好？口碑类型对顾客购买意愿的影响研究［J/OL］. 南开管理评论，2021：1-24.［2023-04-25］. http：//kns. cnki. net/kcms/detail/12. 1288. f. 20210419. 1115. 007. html.

［121］陈娟，李金旭. 大学生知识付费产品使用偏好研究——以广州大

学城十所高校为例［J］．现代传播（中国传媒大学学报），2019，41（12）：119-126.

　　［122］陈凯，彭茜．参照群体对绿色消费态度—行为差距的影响分析［J］．中国人口·资源与环境，2014，24（S2）：458-461.

　　［123］陈立梅，黄卫东，陈晨．在线评论对出境旅游购买意愿的影响路径研究——基于精细加工可能性模型［J］．经济体制改革，2019（5）：104-112.

　　［124］陈梅梅，侯晶．基于商品品类的网络购买决策关键影响因素研究［J］．上海管理科学，2014，36（4）：78-84.

　　［125］陈旭，周梅华．电子商务环境下消费者冲动性购买形成机理［J］．经济与管理，2010（12）：19-22.

　　［126］程志超，郭天超．基于成员自我展示的虚拟社区自运行机制——自我展示的效用及其对社会认同的影响［J］．系统工程，2016，34（2）：144-152.

　　［127］戴国良．不同促销方式对网络口碑传播意愿的影响［J］．中国流通经济，2019，33（10）：43-50.

　　［128］董岩，时光，时雨甜．线上营销对网络消费者购买行为的影响研究［J］．经济问题探索，2020（10）：45-55.

　　［129］方爱华，陆朦朦，刘坤锋．虚拟社区用户知识付费意愿实证研究［J］．图书情报工作，2018，62（6）：105-115.

　　［130］方靖，庞琛，季晓芬．消费者服装产品知识对网上购买服装意向的影响［J］．丝绸，2009（8）：34-36.

　　［131］冯俊，路梅．移动互联时代直播营销冲动性购买意愿实证研究［J］．软科学，2020，34（12）：128-133+144.

　　［132］高跃．基于价值感知的在线客服对消费者购买意愿的影响研究［D］．西南交通大学，2016.

［133］耿黎辉，姚佳佳．网上促销中折扣和稀缺性对购买意愿的影响［J］．经济与管理，2020，34（6）：14-21.

［134］龚诗阳，李倩，赵平等．数字化时代的营销沟通：网络广告、网络口碑与手机游戏销量［J］．南开管理评论，2018，21（2）：28-42.

［135］龚艳萍，王嘉乐，查明江．时间精度和产品呈现方式对消费者产品态度的影响［J］．企业经济，2020（5）：104-112.

［136］关辉，吴洪炜．品牌店铺直播带货对消费者购买意愿影响机理研究［J］．价格理论与实践，2021（10）：125-128.

［137］郭国庆，雷羽尚，杨海龙．电商不同类型促销对购买行为的长期影响——以亚马逊电子书为例［J］．经济管理，2020，42（4）：106-123.

［138］郭俊华，徐倪妮．基于内容分析法的创业人才政策比较研究——以京沪深三市为例［J］．情报杂志，2017，36（5）：54-61.

［139］郭娜，周奥朔．基于价值感知的消费者社区团购使用意愿影响因素研究［J］．商业经济研究，2022，839（4）：73-76.

［140］郭泰麟，黄斐．用户口碑在旅游消费决策中作用的实证研究［J］．技术经济与管理研究，2021（1）：99-104.

［141］郭英之，李小民．消费者使用移动支付购买旅游产品意愿的实证研究——基于技术接受模型与计划行为理论模型［J］．四川大学学报（哲学社会科学版），2018（6）：159-170.

［142］海米提·依米提，普拉提·莫合塔尔，热沙来提·谢依提．旅游景区联票最优定价的经济学研究［J］．新疆师范大学学报，2013（5）：72-80.

［143］海米提·依米提，普拉提·莫合塔尔，田晓霞．旅游景区一票制及其效率——基于产品捆绑定价模型的经济学分析［J］．旅游科学，2009，（12）：28-34.

［144］郝辽钢，曾慧．时间压力与调节聚焦对促销框架效应的影响研究

［J］．管理工程学报，2017，31（1）：32-38．

［145］郝媛媛，邹鹏，李一军等．基于电影面板数据的在线评论情感倾向对销售收入影响的实证研究［J］．管理评论，2009，21（10）：95-103．

［146］何会文．服务保证的意义、设计程序与实施条件［J］．商业时代，2003（10）．

［147］何军红，杜尚蓉，李仲香．在线评论对冲动性移动购物意愿的影响研究［J］．当代经济管理，2019，41（5）：25-31．

［148］何有世，李娜．搜索型商品评论有用性影响因素研究［J］．情报杂志，2016，35（12）：202-206+201．

［149］黄河，杨小涵．绿色逆营销广告如何更好地说服消费者？——基于详尽可能性模型的新能源汽车广告研究［J］．新闻大学，2021（3）：76-98+120．

［150］黄华，毛海帆．负面在线评论对消费者购买意愿的影响研究［J］．经济问题，2019（11）：71-80+88．

［151］黄静，郭豆琅，能小明等．在线图片呈现顺序对消费者购买意愿的影响研究——基于信息处理模式视角［J］．营销科学学报，2016，12（1）51-69．

［152］黄静，邹淯鹏，刘洪亮，王锦堂．网上产品动静呈现对消费者产品评价的影响［J］．管理学报，2017，14（5）：742-750．

［153］黄苏萍，马姗子，刘军．霹雳手段还是菩萨心肠？刻板印象下企业家领导风格与产品质量感知关系的研究［J］．管理世界，2019，35（9）：101-115+194+199-200．

［154］霍红，张晨鑫．在线评论质量丰富度对购买异质性产品的影响［J］．企业经济，2018，37（6）：77-83．

［155］贾丽娜，单金磊，金花．信息相关度改变大学生错误信息持续影响效应［C］．第二十二届全国心理学学术会议摘要集，2019：2360-2361．

［156］贾哲，魏志茹. 价值感知视角下顾客参与影响顾客忠诚的机制分析［J］. 商业经济研究，2022（8）：73-77.

［157］金立印. 产品稀缺信息对消费者购买行为影响之实证分析［J］. 商业经济与管理，2005（8）：39-44.

［158］金立印. 服务保证对顾客满意预期及行为倾向的影响——风险感知与价值感知的媒介效应［J］. 管理世界，2007（8）：104-115.

［159］赖胜强，唐雪梅，朱敏. 网络口碑对游客旅游目的地选择的影响研究［J］. 管理评论，2011，23（6）：68-75.

［160］冷雄辉，周小榆，熊立. 触不可及还能感同身受吗？——在线产品隐喻文本描述的触觉补偿效应研究［J］. 外国经济与管理，2022，44（10）：87-103.

［161］李昂，赵志杰. 基于信号传递理论的在线评论有用性影响因素研究［J］. 现代情报，2019，39（10）：38-45.

［162］李东进，吴波，李研. 远程购物环境下退货对购后后悔影响研究［J］. 南开管理评论，2013（5）：77-89.

［163］李东进，武瑞娟，李研. 消费者选择结果效价、放弃方案信息、满意和后悔［J］. 营销科学学报，2011，7（4）：15-28.

［164］李东，张耘堂，唐桂. 互联网环境下的消费者互动与品牌原产地形象关系研究［J］. 商业研究，2015，453（1）：116-123.

［165］李连英，成可. 任务契合度、互动性与消费者购买网络直播生鲜农产品意愿——基于SOR理论的多群组分析［J］. 农林经济管理学报，2023，22（1）：36-46.

［166］李明芳. 情境规范对认知失调与网购退货意愿关系的作用机理探析［J］. 软科学，2017，31（12）：112-117.

［167］李琪，高夏媛，徐晓瑜等. 电商直播观众的信息处理及购买意愿研究［J］. 管理学报，2021，18（6）：895-903.

[168] 李人杰，郭建鹏，吕帅．任务技术匹配如何影响大学生在线学习持续使用意愿——基于全国258所高校的实证调查［J］．中国高教研究，2022（12）：45-50+58.

[169] 李顺，李莉，陈白雪．混合在线客服对消费者购买转化的影响研究［J］．数据分析与知识发现，2023，7（3）：69-79.

[170] 李万春．B2C电子商务下的退换货网络模型构建及应用研究［J］．中国新技术新产品，2009（20）：53.

[171] 李垚，方和远．风险感知对冲动网购行为的影响：品牌关系质量的中介效应［J］．商业经济研究，2020，796（9）：80-83.

[172] 李莹．B2C电子商务模式下的退货策略分析［J］．物流科技，2010（11）：67-69.

[173] 李宗伟，张艳辉，栾东庆．哪些因素影响消费者的在线购买决策？——顾客价值感知的驱动作用［J］．管理评论，2017，29（8）：136-146.

[174] 李宗伟，张艳辉，夏伟伟．卖家反馈能否引发高质量的在线评论信息？——基于淘宝网的实证分析［J］．中国管理科学，2021，29（5）：221-230.

[175] 刘必强，黎耀奇，翁敏珠．满减还是满返？——旅游产品促销框架对旅游者购买意愿的影响研究［J］．旅游学刊，2022，37（9）：107-122.

[176] 刘欢，赵红．基于外卖Apps的移动终端购买意愿研究［J］．管理评论，2021，33（2）：207-216.

[177] 刘军跃，刘宛鑫，李军锋，张巧玲．基于SOR模式的网络意见领袖对消费者购买意愿的影响研究［J］．重庆理工大学学报（社会科学），2020，34（6）：70-79.

[178] 刘蕾，吴少辉．产品图文信息呈现与线上图书销量［J］．中国出版，2017（22）：45-50.

[179] 刘荣，张宁．图片分析在电子商务中的应用现状与未来趋势——

基于图片视觉和内容特征的研究综述［J］．计算机科学，2021，48（S1）：137-142.

［180］刘婷艳，王晰巍，张雨．基于 TAM 模型的直播带货用户信息交互行为影响因素研究［J］．现代情报，2022，42（11）：27-39.

［181］卢宏亮，沈慧慧．下沉市场消费者认知吝啬对价格敏感度影响研究——群体规范的调节效应［J］．贵州财经大学学报，2022（6）：87-97.

［182］卢宏亮，张敏．网红带货风险感知对购买意愿的影响——有调节的中介模型［J］．中国流通经济，2020，34（12）：20-28.

［183］卢新元，樊雅睿，秦泽家等．考虑预订取消率的酒店退订政策选择演化博弈研究［J］．运筹与管理，2022，31（5）：37-42+100.

［184］卢兴，郭晴，尹媛洁，荆俊昌．价值期待与情感桥接：中国传统体育文化海外接受的实证研究［J］．上海体育学院学报，2022，46（9）：9-19.

［185］卢长宝，邓新秀，林嗣杰．前瞻性情绪及其对购买意向影响的演化过程——基于"双十一"网络大促的多时点调查研究［J］．北京工商大学学报（社会科学版），2021，36（5）：37-50.

［186］卢长宝，黄彩凤．时间压力、认知闭合需要对促销决策中"不买后悔"的影响机制［J］．经济管理，2014，36（3）：145-158.

［187］卢长宝，黄桂艳，李娜．秒杀对电商网站人气聚集的影响机制：基于时间压力的实证研究［J］．东南学术，2017（5）：154-164+248.

［188］卢长宝，柯维林，庄晓燕．大型网络聚集促销决策中前瞻性情绪的诱发机制：限时与限量的调节作用［J］．南开管理评论，2020，23（5）：28-40.

［189］卢长宝，彭静，李杭．限量促销诱发的前瞻性情绪及其作用机制［J］．管理科学学报，2020，23（5）：102-126.

［190］卢长宝，秦琪霞，林颖莹．虚假促销中消费者购买决策的认知机

制：基于时间压力和过度自信的实证研究［J］．南开管理评论，2013，16（2）：92-103．

［191］罗津，吕巍，窦文静．自我构建和促销框架对价格不公平感的影响［J］．系统管理学报，2020，29（5）：949-956．

［192］骆培聪，王镇宁，赵雪祥．旅行社在线服务质量对顾客忠诚的影响——基于顾客契合中介作用［J］．华侨大学学报（哲学社会科学版），2020（3）：80-90．

［193］吕雪晴．海淘消费者风险感知的形成机理［J］．中国流通经济，2016，30（4）：101-107．

［194］马瑞婧，凡文强，刘静文．纯文字还是加"表情"？道歉形式对消费者宽恕意愿的影响——移情的中介视角［J］．南开管理评论，2021，24（6）：187-196．

［195］马银菊，陈宏，吴晓志．B2C 零售商退货策略的决策模型研究［J］．管理学家（学术版），2012（4）：34-46．

［196］宁连举，张爱欢．虚拟社区网络团购消费者使用意向影响因素研究［J］．北京邮电大学学报（社会科学版），2014，16（1）：43-50．

［197］牛更枫，李根强，耿协鑫等．在线评论数量和质量对网络购物意愿的影响：认知需要的调节作用［J］．心理科学，2016，39（6）：1454-1459．

［198］庞隽，李梦琳，邱凌云，陈欢．游戏化发放方式对优惠券使用意愿及行为的影响［J］．营销科学学报，2022，2（3）：80-98．

［199］彭静，卢长宝．限量促销决策的情感机制——预期和预支情绪的视角［J］．重庆工商大学学报（社会科学版），2015，32（3）：42-49．

［200］彭柯，胡蓉，朱庆华．数字阅读平台的用户体验影响因素实证研究［J］．数字图书馆论坛，2015（11）：2-10．

［201］齐托托，白如玉，王天梅．基于信息采纳模型的知识付费行为研究——产品类型的调节效应［J］．数据分析与知识发现，2021，5（12）：60-

73.

[202] 齐托托，周洵，王天梅．在线评论特征对知识付费产品销量的影响研究——基于产品类型的调节作用［J］．管理评论，2021，33（11）：209-222.

[203] 邵兵家，何炜浔，蒋飞．网络零售商退货政策对消费者购买意愿的影响［J］．重庆大学学报（社会科学版），2017，23（2）：51-59.

[204] 邵兵家，鄢智敏．B2C 电子商务中消费者风险感知影响因素的实证研究［C］//中国市场学会 2006 年年会暨第四次全国会员代表大会论文集，2006：2556-2566.

[205] 单春玲，赵含宇．网络口碑对消费者态度的影响路径研究——基于矛盾态度视角［J］．软科学，2017，31（4）：108-111.

[206] 单从文，余明阳，薛可．信息流畅性对消费者品牌延伸评价的影响研究［J］．管理评论，2020，32（6）：196-205.

[207] 盛光华，龚思羽，岳蓓蓓，欧一霖．促销信息框架对绿色购买行为的影响机制——基于非绿替代吸引力的调节作用［J］．大连理工大学学报（社会科学版），2020，41（4）：38-47.

[208] 孙国辉，刘培．基于品牌联合类型的解释策略选择对消费者评价新产品影响机理研究［J］．中央财经大学学报，2021（4）：93-100.

[209] 孙瑾，苗盼．近筹 vs. 远略——解释水平视角的绿色广告有效性研究［J］．南开管理评论，2018，21（4）：195-205.

[210] 孙瑾，郑雨，陈静．感知在线评论可信度对消费者信任的影响研究——不确定性规避的调节作用［J］．管理评论，2020，32（4）：146-159.

[211] 孙军，孙亮．基于无缺陷退货的在线零售商运费承担策略研究［J］．软科学，2014（6）：41-45.

[212] 孙永波，李霞．网购退货后续购买行为的实证研究［J］．企业经济，2017，36（2）：149-155.

［213］唐晓莉，宋之杰．在线评论对异质性消费者购买决策的影响研究——基于眼动实验［J］．情报科学，2020，38（4）：83-88.

［214］田甜．基于S-O-R模型的非遗文创产品消费者购买意愿研究［J］．统计与信息论坛，2021，36（12）：116-124.

［215］万君，秦宇，赵宏霞．网络视频广告对情感反应和产品购买意愿影响因素研究［J］．消费经济，2014，30（2）：59-65.

［216］王炳成，李丰娟．短视频生活场景还原与虚拟触觉契合程度对消费者购买意愿的影响——价值感知的中介作用［J］．中国流通经济，2022，36（7）：38-48.

［217］王春柳，杨永辉，邓霏等．文本相似度计算方法研究综述［J］．情报科学，2019，37（3）：158-168.

［218］王翠翠，陈雪，朱万里等．带图片评论与纯文字评论对消费者有用性感知影响的眼动研究［J］．情报理论与实践，2020，43（6）：135-141.

［219］王丹丹，白宇佳，谢宇．消费者价值感知对其购买意愿的影响研究——基于对新能源汽车购买者的调查［C］．天津市社会科学界第十五届学术年会优秀论文集：壮丽七十年辉煌新天津（下），2019：321-330.

［220］王国才，刘文静，王希凤．不同促销方式下促销购买限制的作用情境研究——框架效应视角［J/OL］．南开管理评论，2021：1-17.［2023-04-25］．http：//kns.cnki.net/kcms/detail/12.1288.F.20210629.1600.002.html.

［221］王国才，刘文静，王希凤．不同促销方式下促销购买限制的作用情境研究——框架效应视角［J/OL］．南开管理评论，2021：1-17.［2023-04-25］．http：//kns.cn ki.net/kcms/detail/12.1288.F.20210629.1600.002.html.

［222］王海忠，谢涛，詹纯玉．服务失败情境下智能客服化身拟人化的负面影响：厌恶感的中介机制［J］．南开管理评论，2021，24（4）：194-206.

［223］王华，李兰．生态旅游涉入、群体规范对旅游者环境友好行为意愿的影响——以观鸟旅游者为例［J］．旅游科学，2018，32（1）：86-95.

［224］王乐，张紫琼，崔雪莹．虚假评论的识别与过滤：现状与展望［J］．电子科技大学学报（社科版），2022，24（1）：31-41+64.

［225］王乐，崔雪莹，肖人彬．电子商务平台的评论操控与产品绩效：因果推断、内在机制和边界条件［J］．南昌工程学院学报，2022，41（2）：80-90+96.

［226］王娜，刘东昌．消费者网络购物影响因素实证分析［J］．中国商贸，2009（13）：1-2.

［227］王茜，张红超．"回家试穿"有用吗？——策略性退货与未退货消费者购买行为的比较研究［J］．外国经济与管理，2022，44（6）：63-76.

［228］王日芬．文献计量法与内容分析法的综合研究［D］．南京理工大学，2007.

［229］王亭亭．机器人与人工混合客服对消费者购买决策的影响研究［D］．南京理工大学，2021.

［230］王唯滢，李本乾．中国重大主题新闻对外传播的受众影响机制研究——基于海外受众调查的 SEM 模型建构［J］．新闻大学，2020（6）：49-62+123-124.

［231］王晰巍，邱程程，李玥琪，孟盈．突发公共卫生事件用户辟谣信息传播意愿研究［J］．现代情报，2022，42（1）：87-96+176.

［232］王夏阳，陈思霓，邬金涛．网络预售下消费者购买行为的影响因素分析——基于淘宝 2018 春夏女装的实证研究［J］．南开管理评论，2020，23（5）：4-15+40.

［233］王欣，肖春曲，朱虹．一重折扣一重关：多重折扣方案对消费者购买决策的影响［J］．外国经济与管理，2020，42（12）：56-71.

［234］王亚妮，王君，姚唐等．什么样的评论更有用？基于 ELM 的"Meta 分析"［J］．管理评论，2021，33（5）：246-256.

［235］王娅，李江，马晨雅，蒋玉石．广告景别呈现方式会影响广告态

度吗？——基于整体优先原则的实证研究［J/OL］.南开管理评论，2022：1-24.［2023-04-25］.http：//kns.cnki.net/kcms/detail/12.1288.f.20220613.1253.008.html.

［236］未来智库：在线旅游 OTA 行业深度研究：下沉市场空间扩容，错位竞争龙头共生［EB/OL］.https：//baijiahao.baidu.com/s？id=174508317779 3998035&wfr=spider&for=pc，2022-09-27.

［237］魏武，谢兴政.线上知识付费用户继续付费意向影响因素研究［J］.数据分析与知识发现，2020，4（8）：119-129.

［238］文红为，张成迪.关键意见消费者对体育用品购买意愿影响的研究——基于精细加工可能性模型［J］.成都体育学院学报，2022，48（6）：31-37.

［239］吴继飞，朱翊敏，刘颖悦，梁嘉明.智能客服厌恶效应的诱因、心理机制与边界研究［J/OL］.南开管理评论，2022：1-23.［2023-04-25］.http：//kns.cnki.net/kcms/detail/12.1288.f.20220629.1011.008.html.

［240］吴江，靳萌萌.在线短租房源图片对消费者行为意愿的影响［J］.数据分析与知识发现，2017，1（12）：10-20.

［241］武瑞娟，欧晓情，李东进.图片呈现对消费者关注及接近行为影响效应研究［J］.管理评论，2021，33（12）：176-186.

［242］席恺媛，王欣，梁浩.线上促销倒计时的精确程度对消费者购买意愿的影响［J］.经济与管理，2019，33（5）：75-80.

［243］肖开红，雷兵.意见领袖特质、促销刺激与社交电商消费者购买意愿——基于微信群购物者的调查研究［J］.管理学刊，2021，34（1）：99-110.

［244］谢刚，李治文，戈琪，顾桂芳.消费者微信营销接受度影响因素的实证研究［J］.管理现代化，2015，35（3）：96-98+101.

［245］谢光明，石纯来，施莉，刘俊岐.如何削弱网络口碑离散对购买

意愿的负面影响：口碑分布呈现方式的讨论［J］．管理工程学报，2022，36（1）：83-98.

［246］谢许宏，方俊涛，祁萌．微电影广告对消费者购买行为影响因素实证分析［J］．现代商业，2022（8）：6-9

［247］解一涵，林萍，孙霄凌，史俊鹏．基于评论等级的在线商品评论有效性影响因素研究［J］．物流科技，2020，43（7）：28-33+52.

［248］熊伟，黄媚娇，陈思妍．旅游者生成内容特征对旅游意向的影响——社会比较情绪的链式中介效应［J］．旅游学刊，2023，38（2）：81-91.

［249］徐小龙．虚拟社区对消费者购买行为的影响—— 一个参照群体视角［J］．财贸经济，2012（2）：114-123.

［250］徐鑫亮，于泽卉，孟蕊．新媒体环境下消费者互动、品牌情感与购买行为——基于互动仪式链理论的分析［J］．商业研究，2018（7）：24-32.

［251］闫强，麻璐瑶，吴双．电子口碑发布平台差异对消费者正面评论有用性的影响［J］．管理科学，2019，32（3）：80-91.

［252］严三九，郑彤彤．老年人移动支付采纳意愿的影响因素研究——以上海市老年人为例［J］．现代传播（中国传媒大学学报），2022，44（10）:15-26.

［253］杨东红，吴邦安，陈天鹏等．基于京东商城评价数据的在线商品好评、中评、差评比较研究［J］．情报科学，2019，37（2）：125-132.

［254］杨楠．服装企业电子口碑与顾客网购意向的关系［J］．统计与信息论坛，2015，30（12）：94-101.

［255］杨一翁，孙国辉，王毅．消费者愿意采纳推荐吗？——基于信息系统成功—技术接受模型［J］．中央财经大学学报，2016（7）：109-117.

［256］尹梦然，胡青韵，夏侯龙吉，郭家铭，秦洁．双重冲击背景下消

费者国货品牌购买意愿的影响机制研究——基于S-O-R理论分析模型 [J].
中国商论, 2022 (20): 19-23.

[257] 余定乾. 在线稀缺性线索和流行性线索对消费者购买意愿的影响
研究 [D]. 西南财经大学, 2022.

[258] 喻昕, 许正良, 郭雯君. 在线商户商品信息呈现对消费者行为意
愿影响的研究——基于社会临场感理论的模型构建 [J]. 情报理论与实践,
2017, 40 (10): 80-84.

[259] 曾慧, 郝辽钢, 于贞朋. B2C环境下消费者持续网络信任的实证研
究 [J]. 管理现代化, 2014, 34 (6): 34-36.

[260] 曾江洪, 黄向荣, 杨雅兰. 众筹品牌推广效果的影响因素研究:
基于详尽可能性模型视角 [J]. 管理评论, 2022, 34 (9): 170-180.

[261] 查金祥, 王立生. 网络购物顾客满意度影响因素的实证研究 [J].
管理科学, 2006, 19 (1): 50-58.

[262] 翟春娟, 李勇建. B2C模式下的在线零售商退货策略研究 [J].
管理工程学报, 2012 (1): 62-66.

[263] 翟春娟, 刘辉, 王亚萍. 电子商务中的退货物流渠道比较及其信
息整合策略研究 [J]. 软科学, 2008 (1): 55-58.

[264] 张蓓佳. 网络购物环境下退货政策对消费者购买意愿的影响研究
[J]. 软科学, 2017, 31 (2): 122-125.

[265] 张福利, 达庆利. 不确定需求条件下制造商的退货政策 [J]. 系
统管理学报, 2013 (2): 185-193.

[266] 张皓, 肖邦明, 刘通. 如何讲好社交故事? 社交情境叙述在广告
中的影响研究 [J/OL]. 南开管理评论, 2022: 1-28. [2023-04-25]. ht-
tp: //kns. cnki. net/kcms/detail/12. 1288. f. 20221130. 0938. 002. html.

[267] 张欢, 蒋雅文. 消费者网络购物行为决策影响因素实证分析——
基于修正的TAM模型 [J]. 商业经济研究, 2016 (14): 36-38.

［268］张骏，周晓伶．消费者接受网络团购的影响因素探讨——基于技术接受模型［J］．商业时代，2013（11）：56-57.

［269］张霖霖，姚忠．考虑顾客退货时在线企业的定价与订货策略［J］．管理科学学报，2013（6）：10-21.

［270］张舒宁，李勇泉，阮文奇．接收、共鸣与分享：网络口碑推动网红餐饮粉丝效应的过程机理［J］．南开管理评论，2021，24（3）：37-51.

［271］张亚明，苏妍嫄，张圆圆．负面在线评论对消费者风险感知影响研究［J］．河北经贸大学学报，2020，41（1）：100-108.

［272］张应语，张梦佳，王强等．基于感知收益—风险感知框架的O2O模式下生鲜农产品购买意愿研究［J］．中国软科学，2015，294（6）：128-138.

［273］张宇，丁雪超，杜建刚．产品类型与赠品关联度对促销评价的影响研究［J］．软科学，2019，33（12）：133-138.

［274］张喆，胡冰雁．风险感知对创新产品信息搜寻的影响——消费者创新性的调节作用［J］．管理评论，2014，26（8）：145-157.

［275］赵大伟，冯家欣．电商主播关键意见领袖特性对消费者购买的影响研究［J］．商业研究，2021（4）：1-9.

［276］赵宏霞，王新海，周宝刚．B2C网络购物中在线互动及临场感与消费者信任研究［J］．管理评论，2015，27（2）：43-54.

［277］赵琴琴，杜荷花，程强．景区套票订购意愿及退订机理实证分析［J］．财经科学，2016，342（9）：124-132.

［278］赵思琪．人工智能客服对消费者讨价还价行为的影响［D］．大连理工大学，2022.

［279］郑春东，韩晴，王寒．网络水军言论如何左右你的购买意愿［J］．南开管理评论，2015，18（1）：89-97.

［280］钟科，何云．要素品牌拟人化对消费者购买意愿的影响、边界条

件及中介机制［J］．商业经济与管理，2018（8）：47-58.

［281］钟琦，曲冠桥，唐加福．O2O外卖价格促销策略对消费者购买意愿的影响研究［J/OL］．中国管理科学：1-14.［2023-07-14］．DOI：10.16381/j. cnki. issn1003-207x. 2021. 2164.

［282］钟琦，曲冠桥，唐加福．O2O外卖价格促销策略对消费者购买意愿的影响研究［J/OL］．中国管理科学，2022：1-14.［2023-04-25］．DOI：10. 16381/j. cnki. issn1003-207x. 2021. 2164.

［283］周南，王殿文．显著的植入式广告能带来更好的品牌态度吗——植入式广告显著性影响机制研究［J］．南开管理评论，2014，17（2）：142-152.

［284］周象贤．幽默广告诉求及其传播效［J］．心理科学进展，2008（6）：955-963.

［285］祝琳琳，李贺，刘金承等．在线评论信息质量感知评价指标体系构建研究［J］．情报理论与实践，2021，44（4）：138-145+118.

［286］赵学锋，陈传红，申义贤．网站制度对消费者信任影响的实证研究［J］．管理学报，2012，9（5）：8.

附录　文本编码

编码	文本内容
A1	商家产品介绍页面上什么内容都没有，想通过产品的图片了解酒店住宿的大致环境，也没有拍得很清晰。（产品信息详尽度：单一属性详细化程度）
A3	我们购买的旅游产品重点介绍了里面有哪些游玩项目，以及还对每个游玩项目进行了分类与推荐合适的人群参与。（产品信息详尽度：单一属性详细化程度）
A5	商家对于景区酒店设施进行了很详细的介绍，让我能更充分的了解我们所要住宿的地方的情况，认真负责的商家就会让我对产品有好感。（产品信息详尽度：单一属性详细化程度）
A12	我们只能从商家对景区的内外部环境的介绍对博物馆有个大致的了解，但是对于其提供的服务或者其他的信息之类的我们一无所知。（产品信息详尽度：单一属性详细化程度）
A22	商家专门在线上页面提前展示景区详细的地图和景点介绍，还添加了推荐游玩路线，我们可以根据自己的需求选择最合适的路线。（产品信息详尽度：单一属性详细化程度）
A36	去哪儿网那个特色看点栏目很好，把每个景点的特色用图文的形式呈现出来，不仅抓人眼球，吸引消费者，还方便我们查询。（产品信息详尽度：单一属性详细化程度）
A41	商家对于提供的旅游住宿酒店周围的环境进行了说明，表明能给顾客一个很安静的休息空间，这点我觉得很赞，这也是我马上下单的原因。（产品信息详尽度：单一属性详细化程度）
A53	商家在住宿酒店的介绍里面只提到了最基础的设备设施，其他没有什么特别亮眼的设计，我们也没法更全面的了解产品的情况。（产品信息详尽度：单一属性详细化程度）

编码	文本内容
A98	商家在旅游产品的介绍里面特别详细地展示了我们要去的旅游景区的旅游线路，这样方便我们清晰地了解自己的旅游行程（产品信息详尽度：单一属性详细化程度）
A100	商家网页里面展示的图片和视频都是在对景区的服务进行详细的介绍，让我们很直观的感受到商家提供的服务真的很让人舒心，我就很容易被这些信息影响。（产品信息详尽度：单一属性详细化程度）
A48	商家推出的旅游产品对于旅游路线都写的很清楚，哪个时间点去哪个景点，每个景点预计多久，休息时间多久，游玩时间多久，都用表格呈现的清楚清楚的。（产品信息详尽度：单一属性详细化程度）
A56	商家在介绍旅游产品时对于产品的功能就有很充分的讲解说明，对产品有了深入的了解后我就会果断购买。（产品信息详尽度：单一属性详细化程度）
A63	我们家每次在预定酒店时都会优先考虑酒店周边环境条件情况，一般商家在页面很详细的展现了相关信息，我才会下单购买。（产品信息详尽度：单一属性详细化程度）
A69	商家在页面介绍产品时只一味地展示出产品价格多么优惠，对于产品所涵盖的内容介绍的非常少，这样的产品我是存在疑虑的。（产品信息详尽度：单一属性详细化程度）
A78	商家所提供的景区套票只展现了项目名称，项目具体内容只字不提，我们也没办法了解更多的情况。（产品信息详尽度：单一属性详细化程度）
A85	商家放在主页的图片很好地体现了当地的特色，让人一看就有想马上购票去游玩的冲动。（产品信息详尽度：单一属性详细化程度）
A16	有些酒店会明确说明哪些产品可以由客人带走。例如宝格丽酒店介绍中表示可以免费带走的产品有牙刷、牙膏、梳子、洗头液、洗衣用品（洗衣液或肥皂）、洗头套。可以付费带走的东西有：拖鞋、毛巾、浴巾、水壶、玻璃杯、衣架、酒类。（产品信息详尽度：单一属性详细化程度）
A18	很多酒店，尤其是特色主题酒店会在文字介绍中表明为消费者提供的产品与服务，毕竟大家选择他的主要目的就是那些特色服务。比如有些度假酒店会提供自助餐、酒水饮料、文艺表演等。（产品信息详尽度：产品属性数量）
A23	从图片上能看到酒店的大堂、客房、健身房、休闲区等，他们的洗漱用品特别惊喜，没想到假期抢的特价酒店还提供欧舒丹。（产品信息详尽度：产品属性数量）
A25	酒店发布的介绍图片里能看到酒店的环境、设施以及提供的餐食等，绿树成荫，非常养眼，很适合出来旅游散心。（产品信息详尽度：产品属性数量）

续表

编码	文本内容
A35	香格里拉的酒店服务里写着会为消费者提供品牌洗漱用品，同时提供美味的餐食服务，不愧是高级酒店，非常满意！（产品信息详尽度：产品属性数量）
A36	酒店图片清楚的展示了提供的服务产品，酒店内部设施看着也挺好，提供的餐食感觉也不错，所以我们就果断订购了。（产品信息详尽度：产品属性数量）
A68	三星堆博物馆外环境布局巧妙，匠心独具，有气势恢宏的仿古祭祀台和供现代文体活动的大型表演场；有古内风络的附属建筑群和功能齐全的餐饮娱乐设施；有绿茵如毯的三星堆青铜立人草坪、宽广明丽的水域湖面、造型别致的假山、古拙质朴的水车；还有供孩子们嬉戏游玩的儿童乐园（产品信息详尽度：产品属性数量）
A78	我喜欢说走就走的旅行，有时候偶然在网上看到一个景点的介绍，感觉风景优美，有合适的车票，提供的服务以及酒店环境看着挺好的，所以我当天就出发了。（产品信息详尽度：产品属性数量）
A83	我们当时购买票的时候就是看到商家在介绍产品时承诺要提供舒适的住宿酒店、完美的旅游线路规划以及还提供餐食，我们就立马下单了。（产品信息详尽度：产品属性数量）
A89	民宿展示的图片里能看到外面的环境，包括平静的海洋、充满情调的沙滩和各色各异的鲜花，还提供美食，看到这些就能让我心情变好，不禁让我想象去了那里之后的美好体验。（产品信息详尽度：产品属性数量）
A93	照片和视频都可以让我们通过视觉直观的感受酒店环境、设施配备以及当地景点的特色，很容易让人想象选择这个产品之后我能得到什么收获。（产品信息详尽度：产品属性数量）
A95	商家对产品在价格、地理位置以及提供的服务等方面进行了详细的介绍，也便于我们对于产品有更清晰的认识。（产品信息详尽度：产品属性数量）
A105	我更关注产品介绍中的图片和视频展示，比如订购酒店，我通过图片和视频能直接看到环境什么样，内里设施怎么样，提供的食宿如何之类的。（产品信息详尽度：产品属性数量）
A8	不喜欢看到废话过多的产品信息，能不能在说的时候准确一点，清楚一点，说那么多最后一点有用的信息都没有，不知道想做什么。（产品信息认知流畅度：表达清晰）
A22	有的商家对产品介绍非常清楚，还会在介绍末尾附一个与其他产品的对比介绍，我都不用再去特意寻找信息就能直接决定我要不要去购买。（产品信息认知流畅度：表达清晰）

编码	文本内容
A24	想要文字优美，走文艺范儿可以理解，但是能不能照顾一下消费者的需求和想法呢，你说那么多我光知道你优美了，基本信息一个都不知道，我是出去玩的，不是来体会你们文笔艺术的。（产品信息认知流畅度：表达清晰）
A69	我最喜欢的还是商家直接把产品对比列出来，我不用一个一个产品对比，直接根据我需要的选择就好了。（产品信息认知流畅度：表达清晰）
A35	介绍内容简单明了，一看就知，很容易明白。（产品信息认知流畅度：易于理解）
A47	用词简明扼要，没有涉及过多专业用词，相关信息也一看就很容易理解。（产品信息认知流畅度：易于理解）
A65	旅游产品信息介绍需要简明扼要，易于消费者理解，让消费者一看就能明白这是做什么的，我可以从中体验什么得到什么，这样的介绍就够了。（产品信息认知流畅度：易于理解）
A78	旅游产品介绍词是要在游客能够理解的基础上在进行优化的，你写的再好，让消费者产生歧义，这样也起不了作用。（产品信息认知流畅度：易于理解）
A88	信息化时代，大家习惯了看东西都很快，所以产品介绍需要简洁明了，让我们一眼看过去就能抓住重点，理解产品。（产品信息认知流畅度：易于理解）
A5	酒店服务人员能不能提前培训一下，每次线上预订酒店都怕有什么特殊情况，我都是提前打电话和前台确认的。好家伙，今天一个说法，明天另一个说法，你到酒店了又变了。规章制度能不能制定好，提前培训一下服务员，话都说不清楚，还怎么提供服务。（产品信息认知流畅度：逻辑严密）
A31	产品文字介绍和配图不一样，自相矛盾，试图欺骗与诱导消费者。（产品信息认知流畅度：逻辑严密）
A35	网购真的什么都能看到，有的旅游产品介绍前言不搭后语，只看一眼就感觉到这商家不靠谱，那东西我就更不想买了（产品信息认知流畅度：逻辑严密）
A47	我明白想要吸引消费者会适当的夸大自己的优势和服务，可是能不能不要太过分了啊，就是一个普通景点，文字和图片呈现出来皇宫般的场景，咱能不能实际点。（产品信息认知流畅度：逻辑严密）
A55	一个乡村民宿号称能提供五星级酒店的服务，一点都不符合逻辑，再说了，我选择乡村民宿是为了体验五星级酒店？定位都弄错了吧。（产品信息认知流畅度：逻辑严密）

续表

编码	文本内容
A77	上次出去旅游，看好时间在网上提前订了门票，结果使用时间和实际描述不符，导致整个旅程非常匆忙，感受太差。（产品信息认知流畅度：逻辑严密）
A88	网上的旅游推荐路线让我很困惑，就周末两天的时间想要在附近找个民宿放松一下，结果路线上偏要加上博物馆，位置还老远了。营销能不能稍微用点心呀，你好歹针对自身特点选合适的路线推荐呀。（产品信息认知流畅度：逻辑严密）
A96	有的旅游产品介绍前言不搭后语，让人觉得商家综合素质较低，不太值得消费者信赖。（产品信息认知流畅度：逻辑严密）
A1	找不到产品信息或我有什么疑问去找在线客服时，全是智能客服，回答的还特傻，就会固定的那么几句。不断让我重复选择。（客服回复满意度：响应性）
A32	人工客服响应很慢，等他回复信息，我已经换一家了。（客服回复满意度：响应性）
A43	在线客服其实很有用的，遇到常规的问题，在线客服可以根据数据库选择设定好的回答进行回复，回应非常快，一两秒就能得到回复。（客服回复满意度：响应性）
A62	智能客服响应还是有点问题，有时候太快了，你都没有反应过来呢，他就问是否还在。再继续刚才问题的时候，它重新开始了，有时候一个问题连续回复你好多次。（客服回复满意度：响应性）
A67	我知道拼多多对人工客服的在线响应时间有要求，对消费者来说，这样其实挺好的，能够更快的得到想要的信息。一些景区和酒店能不能学习一下，一个问题等半个小时都没有回复。（客服回复满意度：响应性）
A78	客服回复太慢了，非工作时间回复慢可以稍微理解一下，但是工作时间回复也这么慢就不得不让我怀疑你的专业性了。（客服回复满意度：响应性）
A79	一部分商家的客服安排其实特别好，客观性的问题全都设置了题库，直接由智能客服回答，如果智能客服没办法回答的问题可以要求转接人工客服，这样回应时间可以提升，还没有那么大的人工成本。（客服回复满意度：响应性）
A80	回复快，态度好，就让人感觉非常不错。（客服回复满意度：响应性）
A84	一般常规问题我都直接问在线客服，但是这只能回答一些套路问题，在线购物这么多年，我都总结出规律了，要是想问什么关键的、专业性的问题还是要直接打人工客服的，不然别的回复不是太慢就是没什么用。（客服回复满意度：响应性、准确性）

编码	文本内容
A85	智能客服也具有相当多的优势，比如可以 7 天 24 小时不间断回复客户提问，响应效率高，这一点人工客服无法比拟。（客服回复满意度：响应性）
A87	人工智能可以对常见的客户查询提供一致和准确的响应，这可以帮助提高客户信任，减少错误。（客服回复满意度：响应性、准确性）
A88	人工智能可以快速高效地处理日常或重复的任务，让人工客服来处理更复杂或情绪化的客户交互。（客服回复满意度：响应性）
A89	AI 聊天机器人全天候 24 小时可用，无需休息或休假时间，并且可以一次处理大量查询。他们还可以从过去的互动中学习，随着时间的推移改进他们的反应。（客服回复满意度：响应性、准确性）
A92	人工智能聊天机器人可以对查询提供即时响应，减少客户的等待时间。（客服回复满意度：响应性）
A96	响应时间很快，只需要通过程序进行回答，不需要人工交互，可以在短时间内快速响应用户问题。（客服回复满意度：响应性）
A98	现阶段智能客服还不是那么的完美，更多情况是回答一些不那么复杂，重复性又高的问题，如查询话费，交易查询，账号情况等等，这种问题都是标准化的问题，智能客服能很快的给予回答，还可以通过图文，视频等方式帮助进行深度地精准服务。这类的问题客户的满意度都很高。（客服回复满意度：响应性、准确性）
A99	还有一点是，智能机器人客服可以 7x24 小时待命，随时在线，避免了在有些时段要联系客服时找不到人。所以智能客服和人工客服配合，处理不同的问题，是最佳的选择。（客服回复满意度：响应性）
A101	人工客户服务受到人员安排和可用性的限制，这可能会导致更长的等待时间和降低客户满意度。（客服回复满意度：响应性）
A12	在线客服还是蛮有用的，很多的东西介绍不完整，我去问客服，客服有时候还能给我附带图表介绍，我感觉很不错。（客服回复满意度：准确性）
A14	人工客服就是比智能客服要好，我问的信息能直接回答，不像智能客服，问来问去就那么几句话不停的重复。（客服回复满意度：准确性）

续表

编码	文本内容
A16	但如果所有的问题都扔给智能客服，那就会有问题了，因为智能机器人的知识库再完美，也不能替代人类情感。对语言的交流，语境变化等等超出人工智能的范围的问题都不能做很好的判断处理。这方面还是离不开人工。机器人这时候能做的是辅助人工，在人工客服进行接待的时候，匹配知识库的问题辅助回答，让回答更快速，答案更标准。在人工坐席忙的时候能，还可以接管等待区，让客户接待无延迟。（客服回复满意度：准确性）
A19	客服回复没办法解决问题！态度不好！无解决问题态度！回答的内容和我要问的一点关系都没有。（客服回复满意度：准确性）
A23	在线客服还是蛮有用的，很多的东西介绍不完整，连规格尺寸重量这种基本信息都没有，我去问客服，客服有时候还能给我附带图表介绍，我感觉很不错。（客服回复满意度：准确性）
A36	人工客服回复还是比较有用的，你只要有什么问题，都能直接咨询，一般回复都比较准确。（客服回复满意度：准确性）
A45	不知道我问的东西是有什么不能回答的，怎么会有人开始胡言乱语，说不清楚呢。（客服回复满意度：准确性）
A48	"您好，请您耐心等待在线客服的回复哦有结果会第一时间答复您的"，全是这样的回复，一点用都没有。（客服回复满意度：准确性）
A83	总体来说还行，但入住前特地电话沟通问需要高楼层，结果办理入住时候竟然给了客房最低一层，无语，那问来有什么意义，不是浪费大家时间么。（客服回复满意度：准确性）
A14	咨询时，人工客服相比智能客服要更方便，能够主动了解我的需求（客服回复满意度：主动性）
A15	客服也是人，有时候我特别生气但是客服回答的又很有礼貌，主动帮助我解决问题，我反而会对这家店有好感，以后也会更愿意在他家买东西。（客服回复满意度：主动性）
A19	客服有时候能主动站在我的角度思考问题，并且帮助我解决很多心中的疑惑，就感觉还挺好的。（客服回复满意度：主动性）
A20	有时候在平台上咨询一些产品相关问题，客服都很积极主动的为我解答，让我对产品的了解更加清晰了。（客服回复满意度：主动性）

编码	文本内容
A30	人工智能可能难以理解人类语言的细微差别，导致误解或不正确的反应，有时候很无助，客服回复都是套话，完全不会主动思考我所提出的问题（客服回复满意度：主动性）
A35	向客服咨询产品相关情况时，总是感觉很费劲，总是用很官方的套话来回复我，感觉他们都不会主动思考一下再解答。（客服回复满意度：主动性）
A37	相比人工客服，人工智能还是需要不断改进的，没有办法主动识别顾客真实情感，遇到没办法解决的问题也不能给予有效反馈，只知道不停的重复，反而让人觉得更加心烦。（客服回复满意度：主动性）
A45	客服的工作首先是回收垃圾情绪，缓和、疏导客户的脾气之后，才是解决问题的时候。同时更重要的是学会主动站在顾客的立场回答并解决好顾客的问题（客服回复满意度：主动性）
A56	客户总是把情绪放在问题前表达，客服需要既能快速找到问题症结，也不忽视关切他客户的心情，主动理解顾客情绪，合理解决顾客需求。（客服回复满意度：主动性）
A57	客服小姐姐服务很好哦!!! 贴心有温度，主动帮助我解决难题!!! 入住体验也是很棒，推荐推荐!!!（客服回复满意度：主动性）
A69	服务特别好，本来订的双床房，结果自己一个人入住酒店小姐姐主动帮我升级大床房了，特别贴心，而且还会打电话询问几点到酒店，提早到了也办入住了，酒店位置在新城区对面就是商场特别方便，设施很新，很干净整洁，早餐种类也不少，服务都很好，热情。（客服回复满意度：主动性）
A78	入住前有工作人员打电话并加微信，给人感觉很重视服务，但在房间分配上极其不专业，居然分配给我一个无障碍房间，而且这个房间显然是后改的，淋浴房拆掉了玻璃，坐便器两侧后装的护栏，空调面板向下调整，需要弯腰才能操作，我想知道为什么不把专门的房间留给需要的客人？而随便分配了普通客人，这凸显了前台工作人员的不专业，我也是万豪的常驻用户，工作人员还专门问了我的邮箱和电话，这些动作不都成了敷衍和糊弄，说是主动了解客人的具体情况才能给与更细致和准确的服务，结果呢？（客服回复：主动性）
A96	第二天早上就接到民宿前台客服电话询问几点到、并且告知含下午茶和晚餐、这是其它民宿从未体验过的待遇，全部不用操心！（客服回复满意度：主动性）
A97	人工客户服务涉及与真人互动以解决问题或获得问题的答案。人工客户服务可以提供更个性化的服务，并且可以处理聊天机器人可能难以处理的复杂查询。人工客服还可以感同身受，主动提供情感支持。（客服回复满意度：主动性）

续表

编码	文本内容
A98	客服小姐姐特别好，因为行程有变提前退房了，结果发现有东西忘记拿了，打电话给前台客服，客服小姐姐一边安慰一边让人帮忙寻找，最后还要了我的地址和联系方式，帮我把东西邮回去。（客服回复满意度：主动性）
A100	我不是一个喜欢麻烦人的人，一般有什么问题我都自己看详情页解决，只有实在没办法了才会找客服咨询，但是总要遇到态度特别不好的客服，你着急的时候，她还反问你急什么？真是无语。（客服回复满意度：主动性）
A1	评论数量当然重要啦，我每次决定要不继续了解这个旅游产品都是先看评论数量的，有用的评论数量越多我越有安全感，我会更愿意去买。那只有两三个评论的我一般不会考虑。（评论数量：有效数量）
A2	我买东西愿意挑销售量高的，评论数量多的。一般经过大多数人检验的产品都不会太差（评论数量：有效数量）
A33	评论数量多证明产品销量也好，这个产品基本有保障。（评论数量：有效数量）
A23	一定程度上，评论数量代表产品销量，也代表产品质量。（评论数量：有效数量）
A25	我在网上购买旅游产品一般会先查看评论，评论多的可信度更强（评论数量：有效数量）
A36	评论数量多的时候总会有那么一两条有用的评论，信息越多，我对这个产品了解越多，那我要不要购买就更好决定了。（评论数量：有效数量）
A37	不熟悉的东西当然更倾向于挑经过大众检验的产品啊，虽然现在很多刷销量的导致销售数量并不可信，但还是有一定参考价值的。（评论数量：有效数量）
A39	评论数量不可信的话，评论内容更加不可信了，那我还参考什么呀。（评论数量：有效数量）
A45	一家评论数量1000+的酒店和一个评论数量只有10+的酒店，你该选哪个？不用想，肯定是评论数量多的那个呀！（评论数量：有效数量）
A59	在线订购中评论数量和实际不一样，可能是别人把评论删除了，但是因为网速原因会显示16条，实际只有2条，还有时候是因为产品的评论不符合规定，系统会自动删除了，但这个评论还是算在评论数量。所以评论数量并不是完全看抖音评论数量和实际不一样，是评论的人瞬间在增减（有的评论后觉得不妥会删除评论），你并不能完全按照评论数量推测。（评论数量：有效数量）

编码	文本内容
A62	看店铺的所有评价，买的东西的评价一概不看。现在也太不容易看懂，宝贝描述下方的单一宝贝评价堆叠了太多刷分迹象，连号称特约评论员都是刷手。刚刚看到一个，居然三个不同的黄钻帐号使用的个性头像都是同一个。店铺所有评价看看吧，不存在全信还是全不信，撤除炒作刷分，至少看看店铺可信度能有多少。（评论数量：有效数量）
A67	评论还是非常重要的，如果一件商品一个销量都没有，我心里的第一反应就是，他们家的东西肯定不好，质量好差，不然怎么会没人买？谁也不想当第一个吃螃蟹的人。（评论数量：有效数量）
A72	如果店铺评论数量低，销售量不高，肯定会让消费者第一印象不好，对店铺和产品的转化率也有一定的影响。（评论数量：有效数量）
A78	如果是价格比较低的，产品评论可能对我影响不大，花点钱当满足一下好奇心了。如果价格比较高，产品评价的数量还是会影响我的决策。（评论数量：有效数量）
A86	其实买什么东西都是一个很现实的问题，买旅游产品也一样。你一搜酒店，前面几页全是销量高、评论多、好评满满的产品，最后你看到一个评论为零的酒店，你会选择他吗？（评论数量：有效数量）
A91	很多时候买东西都会受到一些心理暗示，我觉得评论数量本身就是一个暗示，评论的人多了，证明这个东西经过很多人的检验，当然可靠。（评论数量：有效数量）
A96	我绝对不会买，一个评论都没有的产品肯定不可靠。（评论数量：有效数量）
A47	我想知道的产品信息很容易就能找到，几乎各大电商平台都能找到相关评论。（评论数量：评论分布广泛程度）
A52	旅游是一件需要计划的事情，不管是在选择地点、酒店还是景点，我都会去多个平台上阅读相关评论，多个平台一起推荐的一个东西肯定不会错的。（评论数量：评论分布广泛程度）
A58	多个好评肯定会影响我对产品的看法，尤其是我在多个平台看到的好评会让我对这个产品的好感度倍增。（评论数量：评论分布广泛程度）
A59	订酒店我更喜欢在美团、携程、去哪儿和飞猪这几个平台一起，不仅是为了对比价格，也是为了看看大众的评价，这样更客观。（评论数量：评论分布广泛程度）
A63	评论数量多的时候总会有那么一两条有用的评论，我会在多个平台进行信息浏览与收集，这样我才会对这个产品了解越多，那我要不要购买就更好决定了。（评论数量：评论分布广泛程度）

续表

编码	文本内容
A68	景点的评价可以不仅能从景点售票下方看到，还可以从别的平台购买渠道中看到，你可以从不同平台的评论中得到自己想要的信息，这样获取的可能更可靠吧。（评论数量：评论分布广泛程度）
A88	现在信息时代，很多评论可能都是刷的，要想获得一些对自己有用的评论信息，只能从多个平台中寻找了。（评论数量：评论分布广泛程度）
A25	高质量的产品评论也就是精华评论，精华评论不是代表这个评论写的有多么好，而是能为消费者提供更多的参考。这样的评论应该对该产品有一个详细的描述，消费者通过这一个评论就能对产品有全面的了解。（评论质量：描述全面）
A26	评论是获取产品信息的重要渠道之一，也是目前来说获得客观信息的主要渠道，虽然有很多评论因为积分、金钱这些奖励可信度不高，但是你可以根据评论的整体情况对产品进行全面的判断，多个评论中总会有对产品各个方面的描述。（评论质量：描述全面）
A33	主要还是看评论吧，看你关注什么就去评论里面找什么，一般都能找到的。（评论质量：描述全面）
A38	买销量高的产品，一般评论里的内容也会更详细，什么问题都有人提出，描述更细致。（评论质量：描述全面）
A42	我喜欢包含产品细节的评论，一个评论能够获得很多产品信息，不需要不停的翻找，简单方便还真实可靠。（评论质量：描述全面）
A48	评论多，内容丰富，描述要素多。（评论质量：描述全面）
A53	旅游产品订购还是要看评论内容的，评论内容越细致，你得到的产品信息越详细，你再决定要不要购买。（评论质量：描述全面）
A59	我买东西最重视的产品描述是细节描述，这类评论能够很好的让我知道这个产品好不好，适不适合我。（评论质量：描述全面）
A63	我很喜欢看到产品评论里面有消费者把产品的优缺点单独列出来，我一眼就能看到我想要的信息。（评论质量：描述全面）
A65	我一般会看第一页的评论，有的评论有图有文字，对产品的优缺点描述的很详细，这样的评论特别有用。（评论质量：描述全面）
A78	酒店订购我更关注酒店的位置和卫生，一般这些内容在评论里都能看到。（评论质量：描述全面）

编码	文本内容
A89	怎么判断一个评论是否有用我不懂，反正我就是喜欢看内容多的评论，这里面的评论一般都写的比较全面，对我来说更具有参考价值。（评论质量：描述全面）
A94	我买东西会选择看几条长评，长评一般对产品体验和功能描述的更为细致，看一条顶十条。（评论质量：描述全面）
A99	有的店里虽然评论数量不多，好的评论没几个，但是好多评论都有消费者进行追评，我觉得这也会给我产品功能不错的想法。（评论质量：描述全面）
A10	什么是高质量的评论，我觉得只要言之有理，好评差评都有理由有依据就是高质量的评论。（评论质量：理由充分）
A11	评论写的很细致，但提出的细节并没有附相应的图片，让我对这个评论产生怀疑，我还是更喜欢有图有细节的评论，可信度高，有用性强。（评论质量：理由充分）
A13	我买东西一般第一眼就是看细节图片，图片越多越表明产品质量，最好配以文字解释。一般没有图只有几句话的店我就略过了，看完图一般就知道质量好不好了。（评论质量：理由充分）
A15	现在评论功能增加了，不仅可以打分，还能发图片，放视频，图片和视频的方式更能直接体现产品的功能，作假的可能性更低。（评论质量：理由充分）
A18	评论中的图片可以让买家清楚的知道产品是否与实际情况相符，方便买家考虑购买，以防在线订购过程中存有质量问题。（评论质量：理由充分）
A25	可以让卖家了解买家所购物品的喜爱程度，有助于卖家与买家之间的沟通，评价带图也能让卖家改善自己的产品，为买家们提供更加优质的服务。（评论质量：理由充分）
A29	我知道现在很多店铺都要求顾客进行带图评论，但是这并不影响图片的可信度啊。有图有文字，能直接为想要订购的消费者提供意见。（评论质量：理由充分）
A32	识别一个酒店的好坏可以直接从图片上看出来，环境、卫生和服务都是在图中无法隐藏的。要识别一个酒店的评论是否可信，从图片和文字的描述中也可以看出来。有些酒店给顾客优惠，让顾客昧着良心夸自家酒店，结果晒出来的照片酒店环境脏乱差，这不是打脸吗？（评论质量：理由充分）
A49	评论是一个交易的参考，有图有意见的参考对我们顾客对产品的判断更有用。（评论质量：理由充分）

编码	文本内容
A77	我觉得评论中图片还有一个很重要的作用，就是能够抓住顾客眼球。一个风景优美又展现地方特色的图片，并且这张图片是由顾客发出来的，当然更容易吸引其他消费者。（评论质量：理由充分）
A89	评论中有图片并且图片拍的特别真实，这样的评论更让我信服。（评论质量：理由充分）
A22	有些评论内容太相似了，不禁让人怀疑这些评论是复制粘贴的。（评论雷同程度：文本相似性）
A32	前后几个评论都写的差不多，赞美的话如出一辙，不仅没什么新意，还让人怀疑里面的产品描述是不是真的。（评论雷同程度：文本相似性）
A39	现在很多评论都是刷出来的，一模一样的话术，一模一样的文字，标点符号都不带变一个的，我都不知道是消费者懒得写那么多字直接复制别人的了，还是卖家花钱刷好评了。（评论雷同程度：文本相似性）
A46	有时候订酒店商家会许诺我发一个好评送我一个优惠券或者零食，我也会发，但是这种评论一般要求还特别多，字数不能低于100字，还要带图片，我都懒得写，直接复制粘贴别人的。（评论雷同程度：文本相似性）
A56	多条评论如果一模一样，那证明这些内容都不可信，还是要慎重选择的。（评论雷同程度：文本相似性）
A68	有专门刷信誉的人，有的可能是盗的评价，导致你看到很多个一模一样的评论。可以肯定的是这是评价都是假的。淘宝买东西主要看差评和中平说的问题你是否能接受。（评论雷同程度：文本相似性）
A78	如果是同一个买家的评论，那就是他拍了两件东西，会有 2 个评价的。然后写的时候，就写了一个，另一个直接复制上去的。（评论雷同程度：文本相似性）
A79	如果是几个一模一样的评论，这个没有什么奇怪的。另一个买家，懒得写评论，直接拷贝前一个买家的评论。（评论雷同程度：文本相似性）
A82	评论是需要你识别的，有些很相似的评论可能是虚拟评论，你自己买东西，要分辨一下。（评论雷同程度：文本相似性）
A83	要想一下，一般人写长评很少完全自己写的，怎么可能凭空写出那么多字来，一般都是找个参考，这样很容易出现差不多的评论。（评论雷同程度：文本相似性）

编码	文本内容
A88	有时候会看到这家店有好多评论，但一点开就发现前几页都是默认好评，这种情况我都会再好好考虑考虑。（评论雷同程度：文本相似性）
A89	重复度高的评论出现是正常情况，评论有真有假，需要你自己去识别。（评论雷同程度：文本相似性）
A95	一样的产品，在两个平台上，客人给的评论一模一样。（评论雷同程度：文本相似性）
A97	有时候复制别人的评论也是迫不得己的，因为有些人不想麻烦，又想获得商家的奖励，所以一般来说都是直接复制粘贴。（评论雷同程度：文本相似性）
A98	有时候会看到两三条一模一样的评论，大概率是复制粘贴的。我有时候想得好评积分也会复制别人的评论。（评论雷同程度：文本相似性）
A19	照着别人写的评论也很容易识别，读下来就感觉很像，但是又不会让消费者觉得评论不可靠。（评论雷同程度：文本相似性）
A26	现在很多刷单的都特别高明，他注意到消费者怀疑一模一样的评论，所以刷单的时候会把评论内容进行修改，有可能直接通过多种语言翻译转换说法，不容易让消费者识别，但是语言非常相似。（评论雷同程度：文本相似性）
A48	我对文字语义很敏感，有时候能感觉到评论里面的文字评论内容很相似。（评论雷同程度：文本相似性）
A76	清一色的好评，文字还都是那种非常简洁的风格，让人不得不怀疑这是真是假。（评论雷同程度：文本相似性）
A85	这种相似度较高的评论，一看就是机器人刷的。（评论雷同程度：文本相似性）
A1	评论里面好多一看就是假的，不管是描述还是图片都一样，估计是商家刷单了。（评论雷同程度：配图相似性）
A3	盗图刷评论这种事其实很常见的，只是有时候会降低我对这些评论的信任度。（评论雷同程度：配图相似性）
A16	很多人在景点下面评论就会发一些图片，让人更可信，但是很多长图都一样就让不得不让人怀疑了。你自己宣称出去游玩很快乐，结果放的是别人的游玩照，这样我怎么相信。（评论雷同程度：配图相似性）
A23	我有时候不愿意暴露隐私，放图的时候会选别人的图片。（评论雷同程度：配图相似性）

续表

编码	文本内容
A78	评论里面图片相似很好识别，图片这个东西如果相似百分百是复制粘贴的，一个人想要拍出一样的照片都有难度，更不用说两个人拍出一模一样的照片了。（评论雷同程度：配图相似性）
A100	有的评论里面会有好多语言和图片一模一样的长评，一想都知道肯定商家给了好评返现。（评论雷同程度：配图相似性）
A15	有些评论虽然内容不是完全一样，但是那么长的评论，评论配的图片一模一样，一看就是刷单的。（评论雷同程度：配图相似性）
A12	判断评论可信不可信，有时候很容易。发的图片和你要评价的东西不是一个的，这种不是评论的时候敷衍了事就是刷评的。（差评与产品功能相关程度：图片相关）
A15	选择酒店一定要看相关评论，从那个图片里面就能看出来干净不干净，卫生不卫生。有时候评论里面明明写着环境特别好，干净整洁，结果图片里面直接就看到墙上一大堆污渍。（差评与产品功能相关程度：图片相关）
A18	图片描述和评论描述一点都不相关，你抱怨酒店地理位置比较偏，结果放一张景区图片，让我怎么理解？（差评与产品功能相关程度：图片相关）
A30	差评列举了那么多产品的缺点，结果图片上是一点都没展示出来，让我不得不怀疑是不是竞争对手刷的差评啊！（差评与产品功能相关程度：图片相关）
A33	图片里面看到的酒店卫生太差了，一点要订的欲望都没有了。（差评与产品功能相关程度：图片相关）
A49	差评能不能信，就去看它的图片，如果图片里面能显示评论相关的内容，基本上信息就是真的，消费者也没有那么闲专门拍一个图片，上网吐槽。（差评与产品功能相关程度：图片相关）
A63	其实评论里面有些差评反而我会觉得更真实，尤其是差评中提到的是一些无伤大雅的，比如，海上飞龙的旅游体验项目，他配了一个图说这个项目天气不好的时候玩的一点都不过瘾，这对我购买产品的影响几乎没有。（差评与产品功能相关程度：图片相关）
A67	我更愿意相信差评里面附带的产品图片，一般这种图片展示的内容都是真的，评论里描述的也都是消费者的真实体验。（差评与产品功能相关程度：图片相关）
A77	产品细节直接展示自己美照，也不知道怎么体现产品功能方面的不好，真的很诡异。（差评与产品功能相关程度：图片相关）

续表

编码	文本内容
A86	我看评论时一般只看精选，这样的评论对产品功能描述更细致，附带的图片评论对你更有用，不会出现描述的产品功能文不对题，跟产品功能毫不相关的情况。（差评与产品功能相关程度：图片相关）
A23	评论里面讲到的产品功能与我们浏览产品没关系，随便评论也不能这样啊！（差评与产品功能相关程度：文字相关）
A25	很多评论让你看的非常迷惑，我看地方特色美食，结果评论里面写的真好用。牛头不对马嘴，不知道是商家刷单还是评论写错了地方，商家也不知道删一下。（差评与产品功能相关程度：文字相关）
A26	电商竞争激烈程度与实体不相上下，很多商家都会给对家刷单，刷差评，只要有那么几条明显的差评，或者差评太多直接把店铺评分拉下来，商家销量立马受到影响。（差评与产品功能相关程度：文字相关）
A46	一条评论用多遍，反正都是为了获得商家优惠，很多评论直接从外面复制粘贴，不管有没有用，相关不相关都可以。（差评与产品功能相关程度：文字相关）
A52	胡言乱语，在评论里面对产品功能的差评感觉就是故意乱说，一看就是假评论。（差评与产品功能相关程度：文字相关）
A65	有些评论根本没说到产品上，对于产品功能方面的差评理由感觉很牵强，不知道在说些什么。（差评与产品功能相关程度：文字相关）
A89	评论有几个高质量差评会对我影响非常大，就是那些差评能够非常详细的描述产品的缺陷，我会更加相信。（差评与产品功能相关程度：文字相关）
A20	我比较喜欢在看完用户评价后，再看看"问大家"里的问题和回答，能解决不少我的疑问，但我自己很少提问，也不是不想问，主要是等待回答的时长不定，说不定好几天都没人理。（问答回复质量：响应性）
A21	去哪儿网里面有咨询问答的栏目，我可以对我关心的问题进行提问，只是这个回复时间比较长，性急的人可能等不了了。（问答回复质量：响应性）
A23	遇到感兴趣但是风险很大、体验性很强的产品我更愿意去"问大家"那边询问，有时候会很快的得到回答，这个回答对我的影响非常大，几乎能决定我要不要购买。（问答回复质量：响应性）
A26	提问回复太慢了，都要出发了，酒店的提问还没有得到回复，没多大的作用。（问答回复质量：响应性）

编码	文本内容
A39	可能我每次都挑订购量多的产品进行提问，每次得到回答的时间还挺快的，我觉得这个功能挺好的，能够一次性得到自己需要的很多信息。（问答回复质量：响应性）
A48	半个小时得到回复，不算快，但也不算慢了。（问答回复质量：响应性）
A52	问答回复这个栏目出发点是好的，但是流程太慢了，一个消费者提问，另一个消费者作答，中间需要的时间太长了。（问答回复质量：响应性）
A68	能不能做个及时响应的问答专区，每次等别人的回答等的心累。（问答回复质量：响应性）
A72	等不及那些专门提问找专人回答的频道，所以我每次都直接看评论。（问答回复质量：响应性）
A86	"问大家"这种提问其实很有用，可是这个问答回复过程太长了，等回答的这个时间我早决定要不要买了，如果其他用户能及时回复就好了。（问答回复质量：响应性）
A89	希望能够直接建个社群这类的，这样问答能够得到及时的回复，很多时候也省的我们不停的寻找。（问答回复质量：响应性）
A4	特别是主观体验强的产品，我觉得产品介绍和评论滤镜和加工太强了，有时候没办法获得真实的信息，我就会用淘宝的问大家，一般这种回复更真实（问答回复质量：准确性）
A5	问答回复得到的回答更加准确，我还不用在那么多评论里寻找我想要的信息，真的是很方便的。（问答回复质量：准确性）
A9	前后几个评论都写的差不多，赞美的话如出一辙，不仅没什么新意，还让人怀疑里面的产品描述是不是真的。（问答回复质量：准确性）
A19	通过问答得到的产品信息更加准确。（问答回复质量：准确性）
A23	虽然通过问答模块咨询其他消费者会很慢，但是我也可以通过看别人的问答得到一定数据，这里面关于产品的描述我很确定是真实的，准确的。（问答回复质量：准确性）
A26	问答回复很少用，但是只要使用一般能知道其他用户使用产品的真实体验，没有商家的夸大和刷评。（问答回复质量：准确性）
A28	咨询问答真的很棒！非常有用！（问答回复质量：准确性）

编码	文本内容
A39	很多问答里的内容也不一定是真实的,现在刷单的很多,包括问答内容也可以刷。(问答回复质量:准确性)
A47	问答回复里面的内容大多数都是真实的,都是真实买家回答的,而且可以说是一种购后的使用体验。(问答回复质量:准确性)
A78	大部分内容可信,在线订购信息纷杂,还是需要你自己去判断的。(问答回复质量:准确性)
A86	商家回答的都太夸张了,不是有套路的话术,就是说自家产品有多么好,还是顾客描述的更客观吧。(问答回复质量:准确性)
A14	问答环节中回答问题的是已经参与过购买甚至体验过该旅游产品的,能够理解我需要什么,我问这个问题主要关心的是什么。(问答回复质量:移情性)
A15	很多在线平台的问答环节不允许卖家参与,这样消费者的评价更贴近消费者的需求,有很多时候都能看到消费者的真实表达。(问答回复质量:移情性)
A19	消费者更容易与消费者共情,遇到提问是自己关注的问题,很多消费者都愿意主动去回复。(问答回复质量:移情性)
A23	我感觉问大家这里面之前消费者咨询过的东西都是我所关心的。(问答回复质量:移情性)
A45	其他顾客回答感觉非常有耐心,细致,能根据你担心的东西详细的解释。(问答回复质量:移情性)
A59	客服回复像是训练好的,而消费者的回答更真实吧。(问答回复质量:移情性)
A68	我感觉顾客与顾客是同一角色,商家的目的是卖出去产品,而消费者只是想得到应有的产品体验,同一角色的更愿意照顾对方感受吧。(问答回复质量:移情性)
A70	内容丰富,只要你提问,一般能得到满意的回答。(问答回复质量:移情性)
A83	消费者懂消费者的心,很多时候你想知道的信息他们都会告诉你的。(问答回复质量:移情性)
A89	回答有礼貌,你不懂的东西还能耐心的回复你,难得遇上一个这么棒的顾客。(问答回复质量:移情性)

续表

编码	文本内容
A11	别看景区套票便宜，但是他所有景点的浏览时间只有一天，你根本没办法全部体验，算下来你是花了四个景区的钱买了五个景区的门票，但实际上只体验了三个景区，最后还又累又赶，没有时间好好体验，根本划不来。（时间紧迫感知）
A13	有的景点只能提前一周预约，还规定预约时间，一旦行程有变，票钱都不能退。（时间紧迫感知）
A26	雍和宫只能提前一周约，还要求分开时段，我只能在上午和下午两个时段选一个。（时间紧迫感知）
A32	卖套票能不能把时间放宽松一点呢，每次买的因为种种原因都要不完。（时间紧迫感知）
A41	我体力不太好，参观一个景点要花费很长的时间，所以买套票就非常不划算。买再多的我都不能享受，再优惠又有什么意义呢。（时间紧迫感知）
A56	这几年的套票越来越多，看似便宜了不少，其实把时间一限制，你并没有优惠多少。反而前几年套票出来的少，但是规定时间长，买到票你可以在三天或者一周内参观就性，现在不行了，只能一天之内。（时间紧迫感知）
A77	景区套票包括四个景点，但是因为时间原因，我根本没法在规定时间内好好的逛完这些景点，并且时间非常紧张，有走马观花的感觉。（时间紧迫感知）
A89	几个景点转下来时间太赶了，比报个团都累。（时间紧迫感知）
A93	设置套票的时候能不能先想想呢，或者你们负责人自己先去试试呀，一天去三个景点，我是去享受美景了？还是去刷微信步数了？（时间紧迫感知）
A10	退订扣钱我懂，毕竟是我不守约在先，但是退订费用能不能合理设置一下，因为没办法按时开展行程就活该白花钱吗？（退订政策宽松度）
A16	退货手续费太高了，还不如我直接不要了。（退订政策宽松度）
A25	你能想 800 的机票，退票最后剩不到两百块吗？这退订的手续费也太高了吧。（退订政策宽松度）
A39	景区门票退订有限制条件，通常使用日期开始前 1 天 18：00 之前申请，不收取手续费；使用日期开始当天 10：00 之前申请，每张票收取 70.0% 的手续费；使用日期截止当天 10：00 之后申请，不可退。（退订政策宽松度）
A48	酒店退订100多，直接再定一个也差不多了。（退订政策宽松度）

续表

编码	文本内容
A56	可能运气比较好，订了酒店都是提前一天免费退订的，省时省钱。（退订政策宽松度）
A65	订酒店时我发现有的酒店直接规定不能退，万一我有什么事没有住酒店，住宿费还得花，有的酒店倒是允许退，但是要求非常苛刻，还有退货费，都退不了多少钱。（退订政策宽松度）
A64	美团经常都是随时退、过期自动退，让人很有安全感，因此我常常买一堆到店美食的券屯在那，有聚餐机会的时候就用上，就算没用上也能自动退费，不担心。（退订政策宽松度）
A66	生活节奏太快，大家都不确定能不能准时出行，所以我都是选退订要求比较宽松的酒店订的，那种前一天可免费退订，无需其他条件的酒店真的很不错。（退订政策宽松度）
A68	订酒店时我发现有的酒店直接规定不能退，万一我有什么事没有住酒店，住宿费还得花，有的酒店倒是允许退，但是要求非常苛刻，还有退货费，算下来比再定一个都贵了。（退订政策宽松度）
A76	使用日期开始前 1 天 14：00 之前申请，不收取手续费；使用日期开始前 1 天 14：00 之后申请，不可退。（退订政策宽松度）
A78	酒店退订政策很苛刻，经常都是"取消扣除全部预付款"，机票也是，改签的费用都高得吓人。（退订政策宽松度）
A83	买东西我一般看是否有退货包运费，这样产品有什么问题我可以直接退换。旅游产品不需要运费，但好多有高昂的手续费（退订政策宽松度）
A85	我淘宝退货才 2 块的运费，怎么到机票这里两百都不够呢！（退订政策宽松度）
A86	现在淘宝买东西退订非常容易，反而一些旅游产品退订真难！（退订政策宽松度）
A88	看到有很多人说退订费很贵，让我都有点不敢订了，这几年工作时间不稳定，谁也不知道自己的出游计划是不是会改变，退订费过高到时候没办法出游还要贴钱，想想都难过。（退订政策宽松度）
A91	我出游遇到的门票退订规则一般都是提前一天的 18：00 前申请，不收取手续费，使用日期开始当天 10：00 之前申请，收取 50.0%/张手续费；使用日期开始当天 10：00 之后申请，不可退。（退订政策宽松度）
A92	有的酒店就算提前一个月预订也是不让退订，都不说退订要额外扣费，直接把你全款扣了。（退订政策宽松度）

编码	文本内容
A93	太坑了，订酒店的时候没看，结果我付的房钱变成押金，入驻的时候还要登记交费，押金最后再退，简直霸王条款。（退订政策宽松度）
A95	机票退订每次都是大头，这几年基建燃油费涨了，机票本来就贵，结果一退机票损失更多了。（退订政策宽松度）
A98	我觉得机票退订太不合理了，铁路退订人家还规定什么时候百分之多少呢，最高也不过百分之二十，到机票这里一旦你买了特价机票，退订直接全扣。（退订政策宽松度）
A99	能不能统一一下退订的标准呀，就像淘宝七天无理由退货的那种，现在一个酒店一个退订标准，甚至一个酒店在不同平台上有不同的退订标准，一不小心就直接踩坑呀！（退订政策宽松度）
A15	从旅游产品的介绍里就能大概了解到我订购之后的体验是什么样的，我订购之后有什么好处。（价值感知）
A26	商家产品介绍页面上什么内容都没有，就放了两三张好看的图片，提供什么服务也不说，就感觉产品内容很空，感觉要是购买的话很不划算。（价值感知）
A31	商家展示的产品图片没有拉近镜头，因此看不清产品的具体情况，对于产品的价值也不太好估计，所以下单时很犹豫。（价值感知）
A36	商家的产品图片都感觉加了滤镜，感觉真实的质量可能会有点偏差，可能不值得我花现在的价格去购买该产品。（价值感知）
A42	看到很多质量好评，感觉他们是店家雇的水军，产品质量应该不是很好，感觉不值这个价。（价值感知）
A49	店家展示产品时，角度非常不清晰，感觉像是要隐瞒什么一样，很有可能买亏。（价值感知）
A53	商家店铺的评论数量很少，并且销售量非常不理想，让人不太放心购买，感觉都没什么人购买的东西价格可能偏高。（价值感知）
A66	产品价格远比其他店铺的低，感觉质量方面不太让人放心，害怕买了没法用的话就会很亏。（价值感知）
A68	看到很多人在网上吐槽这个地方很无聊，感觉没有去的必要了，不然的话钱就白花了。（价值感知）

编码	文本内容
A71	网络购物最方便的是可以进行比较，我能通过评论还有其他产品的价格、功能判断我要买的这个东西值不值。（价值感知）
A75	商家展示的图片高端大气，但是一看价格很低廉，就感觉有诈。（价值感知）
A78	商家展示的图片感觉很草率敷衍，让人感觉体验应该不咋地，感知价值可能也不高。（价值感知）
A79	商家展示的产品图感觉滤镜很重，给这么重的滤镜，想必产品应该不怎么好，购买的话可能不划算。（价值感知）
A82	从产品展示的图片感觉出所处地里位置很偏僻，感觉不值这个价格。（价值感知）
A86	商家在产品介绍上不够详细，了解不到重点，感觉产品压根儿就不值这个价。（价值感知）
A87	我基本都是通过网上负面评论的多少判断产品的质量如何，一般好评多的产品我觉得价格高一点也没事。（价值感知）
A89	评论的产品图片展示会让我对产品有更直接的印象，有些一看就觉得不值得购买。（价值感知）
A90	商家所展示的产品图片可以明显感觉到很浓厚的精修味道，感觉购买了就是钱打水漂了。（价值感知）
A92	对比了下其他产品，感觉自己购买的产品性价比很高。（价值感知）
A93	看到酒店的介绍和向客服咨询后，我感觉这个旅游产品很吸引人，对得起这个价格。（价值感知）
A97	看到有评论在说景点没什么好玩的，就突然想退票了，感觉买亏了呀！（价值感知）
A98	看评论说住宿条件挺好，设施设备齐全，感觉这次旅行很划算，很值得，性价比超级高！（价值感知）
A99	看到大家评论的图片，感觉能游玩的项目有很多，总体下来感觉性价比非常高，感觉超值！（价值感知）
A100	商家对于旅游产品的介绍很模糊，稀里糊涂购买了，体验后感觉自己就是大冤种，压根儿不值得，花了冤枉钱啊！（价值感知）

编码	文本内容
A101	产品的好评度非常高，好多网友晒图，感觉不会踩雷，性价比很高！（价值感知）
A19	景区套票我更愿意去买，比购买多个门票有价格优势，非常值！（价格优势）
A23	网红旅游产品感觉溢价太严重了，价格都被哄抬上去了。（价格优势）
A36	虽然这次购买的旅游产品价格相比其他要贵一些，但是体验真的非常好，感觉还是挺实惠的。（价格优势）
A49	我们这次购买的旅游产品性价比超高，住宿条件很不错，很划算！（价格优势）
A55	好多酒店你感觉价格很高，但是你享受的服务、得到的体验其实还是非常值得的。（价格优势）
A57	旅游产品价格和它提供的服务是有关联性的，感觉这次我们买的旅游产品就很值得啊！（价格优势）
A58	感觉旅游景区的门票价格适中，不过里面的具体项目收费有点小贵。（价格优势）
A65	很多时候购买了很多景点联合的套票，就算本来不打算去其中一两个我也愿意购买这种套票，首先是价格便宜，就算少去一两个景点也还是划算的。另一个是方便，不用频繁的上网订购，也不用担心买迟了今天景点没票了（价格优势）
A67	购买套票不仅实惠，还很便利，不用再自己查找信息之类的，就感觉很值得购买。（价格优势）
A73	购买 VIP 套票可以凭借 VIP 套票观光所有票内景点，不需要额外去排队，省下了不少时间，很划算！（价格优势）
A75	购买景区套票可以低价入住星级豪华酒店！感觉非常赚！（价格优势）
A77	节假日期间，酒店爆满，房间供不应求，商家借机抬高物价，感觉多花了很多钱。（价格优势）
A78	购买套票能省去规划景区的功夫，能够按照套票上的景点逐个打卡，就感觉买的很值。（价格优势）
A79	不同的套票所包含的服务有差异，但是我们这次购买的套票里面包含的内容超级多，反正性价比超高，点个赞。（价格优势）

续表

编码	文本内容
A82	套票的使用一般有时间和范围的限制，如果不能在规定时间内使用，可能会导致浪费，如果没有充分使用就感觉钱花的不值。（价格优势）
A83	有些套票虽然价格低廉，但是感觉隐形的收费相对较多，综合下来也不算实惠（价格优势）
A86	有部分的旅游产品套票涉及虚假宣传，看着价格比较吸引人，但实际上提供的服务很差，总的来说还是很不值得。（价格优势）
A89	部分景区套票存在硬性捆绑销售，给人感觉不是很舒服，有点害怕遇到这种情况，感觉会多花很多不必要的钱。（价格优势）
A92	节假日期间，感觉好多旅游产品提前就涨价了，虽然些宣传写着有折扣，但是仔细算下来也并不实惠（价格优势）
A93	现在很多景区都会推出套票，虽然价格上要比单买优惠，但是套票里面根本没有多少看点的项目，就感觉不是很值。（价格优势）
A95	一些景区除了大门票以外，里面的其余的景点也是要单独收费，因此推出套票来吸引消费者，购买套票确实要实惠的多。（价格优势）
A99	景区套票虽然价格非常吸引人，但是套票里面包含的有些项目可能不太敢去体验，所以可能造成浪费，特别是没什么项目可以参与的就很亏。（价格优势）
A100	有些网红旅游打卡地，感觉也就一般，但是价格却高的离谱，感觉购买的话特别不划算！（价格优势）
A5	有那种景区套票、机票+接送机、酒店+早午餐这种联合服务，算下来比单独购买要划算许多的我会更愿意去购买。（价格优势）
A10	一般买套票都是因为便宜，最少也能省 30%。（价格优势）
A11	三个景点联票只需要花两个景点的钱就可以了，就算只去两个景点也不赔钱。（价格优势）
A13	套票算下来更划算，更何况还方便，省的担心这个景点没票了。（价格优势）
A14	几个景点一起逛的时候最好买一个当地的套票，便宜又方便，有时候还能直接坐两个景点间的接驳车，太省事了。（价格优势）

续表

编码	文本内容
A15	我不爱买那些套票，因为我出游选择很随意，买了套票会限制我的行动，但是不得不承认套票太香了，真便宜！（价格优势）
A16	套票划算！一般卖套票的几个景点都离着不远，反正都要去玩，为什么不选更便宜的方式呢！（价格优势）
A17	联票是想利用一个景点的名气带动另一个景点，对于当地来说非常有利，但是对消费者来说也是很划算的，如果你想几个景点都去的话。（价格优势）
A18	其实有的地方联票算下来和实际价格是一样的，我不知道这样的联票卖着有什么意义。消费者买他当然是因为便宜啊，难道还能因为联票好看？（价格优势）
A22	工作时间不自由，明明早就计划好了假期，结果公司这边立马就要加班，订好的票全都作废了，有些甚至都不能退票，要想挽回一点损失，还得自己想办法转卖，感觉很麻烦！（风险感知：金钱损失风险）
A26	看小红书上打卡景点我也想去，结果花了好多路费，去了那么远只能看一个景点。（风险感知：金钱损失风险）
A38	看网上推荐，决定自驾游，结果规划路线和实际情况大不相同，无缘无故白花了好多冤枉钱。（风险感知：金钱损失风险）
A42	旅游就是一个花钱买体验的过程，但是你选择的目的地不适合游玩，你就没有办法好好享受这个过程，你的钱不仅白花了，有钱哪怕出去吃一顿好吃的也开心啊！（风险感知：金钱损失风险）
A43	节假日期间出去游玩，人爆满，门票、酒店和餐饮都比平时贵了好几倍，不值当。（风险感知：金钱损失风险）
A56	刚买的产品，没过几天就疯狂降价了，现在感觉买的特别亏！（风险感知：金钱损失风险）
A63	在景区购买的旅游纪念品相比于其他非景区地区的价格要远远高得多，一样的物品，同样的质量，价格相差甚远，溢价相当严重（风险感知：金钱损失风险）
A68	购买旅游产品时会在不同支付方式上给予不同的优惠力度，但是总感觉有什么价格套路，感觉不太简单（风险感知：金钱损失风险）
A70	旅游总是充满不确定性，有时候因为天气原因没办法按照预订行程出发，总要多花一些路费和酒店钱。（风险感知：金钱损失风险）

编码	文本内容
A72	有些景区比较偏僻，且路途比较曲折，花费在路上的时间与金钱要比其他地区多得多（风险感知：金钱损失风险）
A76	有些网红旅游产品价格要比其他普通的旅游产品高的多，但是两者提供的服务都差不太多（风险感知：金钱损失风险）
A79	有些旅游景点会有时间限制，有时候还没有怎么游玩，就到了他们关门的时间点了，感觉钱有点白花了（风险感知：金钱损失风险）
A81	有些旅游产品里面的刺激性项目很少人去参与，但是由于买的套票，就只能放弃这个游玩项目（风险感知：金钱损失风险）
A88	有些地方只是宣传得好，其实同质性很强，很没意思，去了也是浪费钱。（风险感知：金钱损失风险）
A89	在一些电商平台抢到的旅游产品，当时抢到时感觉很划算，过后再去看时，发现有许多更优惠的产品（风险感知：金钱损失风险）
A92	当时购买的套票，商家展示的产品图片看着非常好，但是实际去体验后压根儿不是一回事，感觉花了冤枉钱（风险感知：金钱损失风险）
A93	有些景区由于气候的影响可能不会营业，但是来自外地的游客已经订好了酒店等，退订的话可能会付一些相应的费用（风险感知：金钱损失风险）
A95	旅游受很多因素的影响，你可能因为工作或其他事情临时改变形成，也可能因为天气原因没有办法准时开展，各种意外可能都会造成金钱上面的损失。（风险感知：金钱损失风险）
A93	由于没有提前了解要前往地景点的天气状况，导致很多东西都没有准备，还需要现场购买，在景区购买比平时贵的多（风险感知：金钱损失风险）
A13	我不敢一下订所有旅游行程的票，主要原因是我害怕我行程有变，买的票和预订的景点酒店没有办法准时消费。（风险感知：金钱损失风险）
A28	有些旅游产品可以用不同支付方式，但是有些不经常用的支付方式，我是不太放心的。害怕被盗号，损失金钱。（风险感知：金钱损失风险）
A35	有时候在旅游平台上填写的个人信息太多，担心自己的账号或者银行卡号被泄露，害怕自己号里面的资金被盗取。（风险感知：金钱损失风险）

续表

编码	文本内容
A63	有时候酒店在平台上公布的信息一直在变化，我都不清楚哪一个信息是真的，哪一个是假的，万一我真的订购了，最后给我的服务是另一个，我还不能自由退订，既耽误我行程，浪费我的钱钱，还影响我心情。（风险感知：金钱损失风险）
A13	最担心就是旅游产品质量不佳、体验感很差的情况（风险感知：服务质量风险）
A15	买产品最怕的就是质量问题，旅游产品没体验前很难知道质量好不好。（风险感知：服务质量风险）
A16	在网上购买产品很不好判断质量的情况，因为有些评论并不是发自内心（风险感知：服务质量风险）
A17	有时候看着产品的好评很多就跟风买了产品，结果发现并没有像评论说的那么好（风险感知：服务质量风险）
A23	我基本上是根据网友的产品的评论，然后在心里对产品质量有个大致的判断（风险感知：服务质量风险）
A25	看到产品差评挺多的，而且网友还晒图证明了，感觉产品质量有点问题（风险感知：服务质量风险）
A29	看着商家店铺里面展示的产品图片，感觉挺好，但是价格相对来说比较低廉，有点担心质量问题（风险感知：服务质量风险）
A33	商家摆放出来的照片都加了很重的滤镜，没有完整体现产品的真实面貌（风险感知：服务质量风险）
A36	商家推出的旅游套票感觉很划算，但是不好判断产品的质量的情况（风险感知：服务质量风险）
A49	提供的住宿酒店图片只展现了局部，而且周围环境也没有介绍，感觉还是有点担心。（风险感知：服务质量风险）
A58	许多好的评论内容感觉都是商家雇的水军写的，没法了解到真实的产品质量（风险感知：服务质量风险）
A62	看到有网友对产品进行好评，而有些又在疯狂吐槽，对于自己来说，不好判断，不知道信谁的（风险感知：服务质量风险）

编码	文本内容
A64	商家应尽可能向我们展示产品的细节，以及产品介绍也需要多一些，方面我们更加容易判断产品质量（风险感知：服务质量风险）
A67	看到有些评论在吐槽住宿条件很差，突然感觉这个旅游产品质量不行（风险感知：服务质量风险）
A69	有网友在评论区里面说买的套票比较不划算，能参与的项目很少，感觉很纠结（风险感知：服务质量风险）
A71	有网友评论说酒店附近很吵闹，可能休息不太好，影响心情（风险感知：服务质量风险）
A75	门票看着很实惠，但是景区里面的很多项目都需要重新收费，感觉有点套路在身上的（风险感知：服务质量风险）
A78	网友评论说酒店的床单比较旧，有些感觉没有清洗，给人特别不好的感觉（风险感知：服务质量风险）
A82	有网友在评论区留言说住宿的地方比较僻静，适宜休息，但是安全问题有点担心（风险感知：服务质量风险）
A85	看到有网友在评论说酒店的设施设备不太齐全，有些设施坏掉了还没有及时维修（风险感知：服务质量风险）
A90	网友吐槽酒店房间特别不隔音，特别影响消费者的睡眠质量。（风险感知：服务质量风险）
A91	很多评论在吐槽景区的住宿卫生堪忧，下次不会再选择了。（风险感知：服务质量风险）
A93	网友评论说酒店房间并没有商家产品展示空间大，以及很重的刚装修过得味儿。（风险感知：服务质量风险）
A96	网友提到酒店的空调制冷效果特别差，需要找人及时维修。（风险感知：服务质量风险）
A2	景区套票是有时间限制的，很担心买了之后因为时间限制没有办法很好的享受和体验这个地方的美好。（风险感知：机会损失风险）
A5	我平常不喜欢紧赶慢赶的做事，旅游更是。所以我订票或者订旅游团就不喜欢那种把时间限制得特别死的，旅行所有美好的时间全部拥在赶路上，我都不能好好体会旅游的休闲之感。（风险感知：机会损失风险）

续表

编码	文本内容
A37	花小钱，逛更多的景点，结果发现是浪费时间，根本没有认真仔细的去欣赏各地的美景，反而所有的时间全在大巴车上，简直是浪费时间。（风险感知：机会损失风险）
A39	旅行的时间应该浪费在体验上，而不是交通上。（风险感知：机会损失风险）
A49	我一般都是前一天定行程，前一天买票，除非遇到特别的节假日害怕买不到才会提前买，这样方便我好好计划旅游行程，不用担心因为天气、人流量和交通等因素，浪费旅游时间，没办法好好享受旅行。（风险感知：机会损失风险）
A56	有时候感觉好没玩够呢，景区到点就要下班关门了，感觉还没有尽兴呢！感觉白白浪费了这个假期的时间。（风险感知：机会损失风险）
A69	我们买的景区套票，但是我们游玩项目时排了很久的队才玩到项目，而且套票里面有些项目还没开始玩呢，都到景区的下班点了。最后结果却是玩也没玩好，休息也没休息好。（风险感知：机会损失风险）
A78	环球影城好玩是好玩，可惜太多的时间花费在排队上了，你真正享受的时间根本没多少，都浪费了！（风险感知：机会损失风险）
A88	迪士尼的门票只能在门票规定的日期游玩，过期无效，但是由于我们体验一个项目就会花费很多时间，还要花很多的时间去排队，一天下来能体验的项目真的有限！（风险感知：机会损失风险）
A7	通过商家投放的产品图片我就觉得这个产品可以为我提供一个愉快的旅游体验。（感知有用性）
A8	商家对产品功能的详细介绍就能让我清楚地知道该产品适不适合我，以及对产品实用性强不强的判断。（感知有用性）
A13	网上旅游产品购买平台提供的产品非常丰富，可以慢慢的挑选自己心仪的旅游产品，根据产品信息判断我需要什么样的产品，什么样的旅游产品符合我这次出游的目的。（感知有用性）
A25	平台上展示的旅游产品都好美，我一看觉得我这次出游一定要选择这个项目。（感知有用性）
A65	去陌生的地方出游选一个靠谱的导游还是有必要的，她能为你的旅途提供太多的服务了。（感知有用性）

编码	文本内容
A87	很多旅游产品我都是想订来和朋友一起体验的，两个人一起体验分享快乐，增进感情。（感知有用性）
A13	旅游产品更多的是满足我的一种体验，有时候并不需要多么好的质量，只要能提供足够的体验（感知有用性）
A21	旅游产品现在同质化现象很严重，有时候感觉去了很多地方，但是印象都不深刻，体验都差不多（感知有用性）
A23	旅游就是想好好的放松一下自己，所以能购提供一个舒适的环境就能很好的满足体验感（感知有用性）
A35	有时候买的景区门票，还没咋体验里面的游玩项目呢，时间就要到了，导致体验不好。（感知有用性）
A39	我认为旅游产品最重要的是体验感，如果没有多少体验感就感觉买的不划算（感知有用性）
A42	特意花高价定了高级酒店，果然为我们提供了非常不错的服务，旅途劳累，一个好的休息场所，好的服务能缓解你的身心。（感知有用性）
A43	购买线上平台上的景区套票，买的时候感觉很不错，但是实际中完全没有什么新鲜的东西。（感知有用性）
A54	有些景区套票能体验的项目比较局限，有些非常有吸引力的会额外收费，有时不想额外支付费用就没有去体验，后来感觉还挺后悔。（感知有用性）
A65	有时想出去旅游就是想去体验不一样的风景或者其他地区的不同文化，因此很多旅游产品对我来说很有用。（感知有用性）
A68	只要购买的旅游产品能给我提供一个愉快的旅游体验，我就觉得很值得，很有用！（感知有用性）
A72	购买旅游产品就是为了体验与日常环境中不一样的感觉，这样才能增长自己的见闻。（感知有用性）
A75	只要购买的旅游产品能带给我一些不一样的体验感受，我就会觉得这个产品买的值！（感知有用性）

编码	文本内容
A76	家里有小孩子，每次都会考虑到小朋友们的感受选择旅游产品，这样的话实用性更强。（感知有用性）
A79	有时候和好朋友们一起出去旅游，购买旅游的旅游产品套票不一定符合每个人的需求，可能有些朋友体验感不是那么好。（感知有用性）
A38	限时促销活动其实是最保险的，只要在活动时间购买就能完全确保自己获得商家许诺的优惠。（促销购买限制：限时促销）
A45	很多东西买的时候都没有考虑清楚，但是他优惠时间就那么一天，又觉得错过这次优惠下次还不知道什么时候。（促销购买限制：限时促销）
A46	购买旅游产品时有时因为有些好评有些差评，难以判断真实情况，就没有购买，导致后来没有买到（促销购买限制：限时促销）
A51	有时候旅游产品折扣促销，给了很大的优惠力度，但是在下单时还是犹豫了，导致错过了优惠时间，真是太可惜了（促销购买限制：限时促销）
A53	购买东西时我都需要花费一定的时间去了解一下产品情况，所以有时候经常做了解产品时间太长，导致错过了优惠期间（促销购买限制：限时促销）
A58	当时领了一些优惠券，但是看着大家对产品的评价不一，自己很难做决定，最后白白浪费了优惠券（促销购买限制：限时促销）
A61	当时在浏览产品时，发现比平时的优惠力度大很多，但是由于各种因素还是没有购买，错过了产品优惠期（促销购买限制：限时促销）
A62	听朋友讲购买产品获得了很大的优惠，省下了不少费用，但是自己购买时已经恢复原价了，就很可惜没赶上促销期间（促销购买限制：限时促销）
A65	有时候优惠力度很大，就很有购买的冲动，但是又限于资金不足等原因没有下单，后面心理一直惦念着（促销购买限制：限时促销）
A71	有时候想买什么东西时都会去做各种攻略，感觉做攻略很费时间资本，而且还不一定最后做出最好的决定，甚至错过一些优惠（促销购买限制：限时促销）
A73	在一些大型购物节购买产品优惠力度非常大，但是当时由于凑不够单总是放弃了很多优惠，有时想想就很后悔（促销购买限制：限时促销）

编码	文本内容
A75	有时候没时间参加促销活动，所以大多时候购买都是原价，没有享受优惠，下次一定把握好机会（促销购买限制：限时促销）
A78	购买产品时由于信息的不及时、不对称，导致多支出了很多费用，以后会注意促销时间的！（促销购买限制：限时促销）
A83	很多时候没有意识到有促销活动，导致错过了很多享受优惠的机会，也不知下次能不能享受到优惠（促销购买限制：限时促销）
A84	由于自己比较懒，不经常关注一些商家的动态，所以经常错失一些促销机会（促销购买限制：限时促销）
A86	每次商家推出的限时促销活动都会激发起我的购物欲望以及想要享受到优惠的胜负欲（促销购买限制：限时促销）
A87	现在周围的朋友在商家搞活动时都会相互提醒，所以很多时候我们都能享受到限时促销的优惠（促销购买限制：限时促销）
A22	商家给出的限量优惠活动，有时候很感兴趣的产品就会很快速的下单购买，害怕错过了就买不到，享受不了优惠了（促销购买限制：限量促销）
A25	有时候限量的促销活动我都会提前备好网速以及训练一下手速，因为不知道下次优惠是多久了（促销购买限制：限量促销）
A27	商家推出的限量套票优惠活动，对我的吸引力很大，我基本上都会参与，每次也享受了不少优惠（促销购买限制：限量促销）
A28	限量享优惠的活动我一般在活动开始的时候参与，因为我必须要确定我能享受到折扣。（促销购买限制：限量促销）
A29	虽然知道限量订购的活动是商家的营销套路，但是我还是忍不住想要下单购买（促销购买限制：限量促销）
A32	商家第一次做限量活动时感觉捡了大便宜了，但是后来发现这种活动随时有，营销套路罢了（促销购买限制：限量促销）
A33	有时候商家给出的限量优惠数量很少，抢到后在心理层面有很强的自豪感，感觉自己老厉害了！（促销购买限制：限量促销）

续表

编码	文本内容
A42	以前对于这种限量的促销活动会很激动，但是现在优惠随时都有，就没有什么新奇的感觉了（促销购买限制：限量促销）
A43	有时在商家限量促销期间购买的产品，没过一段时间就刷到更优惠的促销活动，现在都有点犹豫（促销购买限制：限量促销）
A48	虽然不知道商家为什么会推出限量促销活动，但是感觉自己能抢到产品就很赚，感觉节约了很多费用（促销购买限制：限量促销）
A51	当大家都抢到限量优惠的门票时，自己没有抢到时会感觉到很失落，感叹自己运气不好。（促销购买限制：限量促销）
A53	只要商家给出的限量促销活动比平时优惠，我都会很认真地考虑购买，也不会再观望更优惠的活动什么的（促销购买限制：限量促销）
A56	活动期间前 20 名订购酒店可以享优惠政策，有出游计划都会抢购，可以省很多钱。（促销购买限制：限量促销）
A77	有时会有好友来咨询求推荐相关产品，但是由于商家的活动是限量的，所以朋友没有购买到，就很可惜（促销购买限制：限量促销）
A78	有时商家推出限量促销活动，但是后来发现几乎很多时候都在做促销，感觉促销活动太多了吸引力就不足了（促销购买限制：限量促销）
A82	商家推出的限量促销活动有时候不太好区别是不是真的限量，总感觉后面还有名额，所以我有时候还会再等等（促销购买限制：限量促销）
A12	其实工作时间如果比较自由的话，选择旅游淡季去游玩是最合适不过的了，不仅机票便宜，酒店也降价促销，体验感又好又省钱（促销方式：折扣促销）
A13	相比其他的促销优惠方式，我最喜欢也最希望在原价基础上打个折扣，其他的体验赠品感觉没有打折直观（促销方式：折扣促销）
A16	每年旅游产品打折季，我都觉得特别划算，能省下不少的花销用于其他地方，很值！（促销方式：折扣促销）
A17	每次看到商家在搞促销活动，我最心仪的促销方式就是直接在价格上打折，其他的促销方式对我吸引力不大（促销方式：折扣促销）

编码	文本内容
A25	虽然有些商家会采用赠送一些体验项目之类的，但是我内心是想商家打折的。而不是获得其他的东西（促销方式：折扣促销）
A28	商家采用折扣促销的方式感觉会更吸引消费者的购物欲，因为其他方式没有这么直观（促销方式：折扣促销）
A32	每次大型购物节各大商家会推出很多促销方式，其中折扣促销最常见，也最吸引消费者（促销方式：折扣促销）
A35	各大商家有时候会同一时间推出促销活动，每次都会货比三家，看看谁家的打折力度更大再决定购买（促销方式：折扣促销）
A39	有时候为享受商家的折扣促销优惠活动，专门买了一些可能不太使用的物品，主打一个享受优惠的体验感（促销方式：折扣促销）
A42	相比赠送一些附加产品，我更喜欢商家直接采用折扣促销的方式，这样的优惠量比较直观（促销方式：折扣促销）
A46	有时候真的很喜欢商家店铺里面的产品，但是它很少搞促销活动，有时的促销活动力度也一般，我还是比较偏爱折扣促销的形式（促销方式：折扣促销）
A53	我现在总结出了商家的促销套路了，尤其是在大型购物节的时候，先提价再进行折扣促销，其实算下来和平时差不多（促销方式：折扣促销）
A55	好不容易等到很少搞促销活动的商家进行打折活动了，一定要去买一波！买到就是赚到！（促销方式：折扣促销）
A72	相比于赠送式的促销方式，我更偏爱与商家的折扣促销方式，感觉更实惠一点（促销方式：折扣促销）
A73	商家推出的积分促销与赠品促销方式感觉都是套路，我还是喜欢简单粗暴的直接打折的方式享受优惠（促销方式：折扣促销）
A88	618 经常都是五折起，活动期间订购更划算。（促销方式：折扣促销）
A21	很多时候订购旅游产品，商家会赠送额外的旅游体验，有一次我去三亚玩，订了当地的一个酒店，还赠送我潜水的体验项目，虽然价格不怎么高，但是心理还是觉得开心。（促销方式：体验赠品）

编码	文本内容
A26	酒店服务不错，还额外赠送了上门送早餐的服务，精致的早餐，环境也不错。（促销方式：体验赠品）
A37	景区很少做促销活动的，但是有时候遇上特殊节日，这个时候的活动非常划算，可能你买一个景点赠送你周边的旅游门票，也可能直接免费赠送，只要你抢到就可以。（促销方式：体验赠品）
A48	订旅游团的时候一般会赠送你一些额外的景点旅游，但这些景点有时候并不是特别好，可能是不出名的小众景点。（促销方式：体验赠品）
A52	我订四川七天游，除了规定的都江堰、九寨沟、熊猫基地等景点，还额外赠送了我们一些别的小景点。（促销方式：体验赠品）
A59	订长白山三日游，还能额外免费体验当地特色项目活动体验。（促销方式：体验赠品）
A62	订了一家看着非常有文化气息的民宿，果然有额外的惊喜。不仅体验到了当地的特色美食，这家民宿还能免费体验古法植物浸染，能制作属于自己的独特围巾或者帽子，体验感非常不错。（促销方式：体验赠品）
A63	我特别喜欢各地文创产品，但是很少能直接接触到文创产品的制作过程，又一次偶然订购了一家民宿，民宿竟然赠送了我一个采茶的体验活动，太惊喜了。（促销方式：体验赠品）
A64	旅游过程中赠送小礼品已经不能够吸引消费者了，还是赠送一些和旅游相关的产品更为合适，比如赠送游客浏览门票，体验活动这些。（促销方式：体验赠品）
A68	我去三亚玩，订了一个旅游团的特色路线，最后还送了我海钓和潜水这些体验项目，虽然我不会游泳，但是心情非常愉快。（促销方式：体验赠品）
A73	有些旅游景点的特殊活动小朋友不方便参与，当时还有些发愁，没想到工作人员直接赠送了几个小朋友能参与的体验项目，非常周到。（促销方式：体验赠品）
A79	什么时候都是想花最少的钱做最多的事，而且旅游产品不像实物能做的促销活动很多，并且很容易让消费者感受到优惠，比如赠送消费者一些额外体验！（促销方式：体验赠品）
A80	额外赠送的海钓项目非常不错，我还以为自己还要自备道具，其实还是变相的想让消费者花钱，没想到真的就是免费的体验活动。（促销方式：体验赠品）

续表

编码	文本内容
A88	希望每次都能体验到旅游产品订购中的赠品,很有意思,每次都能有额外的惊喜。之前获得了免费景点,还有免费的体验活动。(促销方式:体验赠品)
A90	订购去三亚的旅行团,能免费获得潜水体验活动,本来就有计划去三亚旅游的当然毫不犹豫就定了。(促销方式:体验赠品)
A91	订青岛的旅行团,赠送了我青岛特色美食体验,潜水项目,歌舞表演等活动,感觉非常值!(促销方式:体验赠品)
A5	有时不太关注一些促销活动,当得知消息时,已经错过了,所以很多时候没有享受到优惠(促销机会确定性)
A8	商家的促销活动时不定时的,所以有时很出其不意,能不能享受优惠全凭运气(促销机会确定性)
A16	能不能享受商家给出的产品优惠需要提前获取消息,不然一会就抢没了,下次也不知道什么时候(促销机会确定性)
A28	有时候恰好遇到商家在搞促销活动,就参与进去了,并成功享受到了优惠,就感觉很幸运(促销机会确定性)
A35	有时候朋友不给我讲商家有促销优惠活动,我都不知道,以前就错过了很多促销活动(促销机会确定性)
A43	商家有时推出限时促销,有时推出限量促销,我经常由于时间或者手速不行,享受不到优惠(促销机会确定性)
A45	参加商家的促销活动时,我都会告知周围的朋友们,大家一起行动享受优惠的机会就大很多(促销机会确定性)
A48	有时候促销的名额太少了,不一定能抢到(促销机会确定性)
A52	我一般不太关注商家的消息,所以就算很多时候有促销活动,我基本都没有参加过(促销机会确定性)
A62	商家开展促销的时间点不确定,所以有时候很难遇到,所以很容易享受不到优惠(促销机会确定性)
A72	有时候很想享受商家推出的优惠,但是奈何实力不允许啊,哎,可惜!(促销机会确定性)

编码	文本内容
A79	每次我都很想好好把握商家开展的促销活动，但是每次都没机会享受（促销机会确定性）
A85	有时候商家推出的促销活动很多，方式也很多样化，我一定抓住机会去享受一下优惠（促销机会确定性）
A86	商家的限时促销活动我经常错过，经常因为各种因素错过，哎，促销机会把握不住啊！（促销机会确定性）
A23	旅游就是要和朋友们一起玩，一起体验不一样的风景啊！（促销社交情境叙述：交互情境）
A25	我很喜欢和朋友一起出游，旅游中我们也通常都会与朋友进行一些交流，还可能结识一些志同道合的新朋友（促销社交情境叙述：交互情境）
A33	旅游过程中最美好的是能遇到各种各样的人，体会不同的故事，还有更多的时间和许多朋友交流（促销社交情境叙述：交互情境）
A46	很多视频博主在推荐的旅游视频的时候我会更关注视频里面人与人之间的和谐交流，其乐融融的场景会让我感受到旅行的美好。（促销社交情境叙述：交互情境）
A49	在旅行中遇到的人都挺有意思的，听听别人的故事，和志同道合的朋友聊聊人生故事，感受不一样的人生，感觉很享受这样的过程（促销社交情境叙述：交互情境）
A52	旅游中与其他游客的互动交流也是一段有趣的经历，还可以与其他人分享自己的经历，大家在互动中收获成长。（促销社交情境叙述：交互情境）
A53	出去旅游才真的感觉到世界之大，大家相互交流，体验不同于惯常生活的社交活动，让我有不一样的旅游体验。（促销社交情境叙述：交互情境）
A58	我想出去旅游的动机，就是奔着多认识一些不一样的朋友，满足我自己的社交需求。（促销社交情境叙述：交互情境）
A88	我喜欢和各个地区的人们交流，感觉各个地区的文化有差异，听别人讲当地的文化就很有意思，结交各地的朋友，这都是我最喜欢的事。（促销社交情境叙述：交互情境）
A45	在购买旅游产品前，我会提前浏览相关的旅游博主，看她们在哪些景点拍照，我会打卡一样的地方，希望能拍出和她们一样美美的照片和视频。（促销社交情境叙述：表现情境）

编码	文本内容
A52	我去旅游想看遍祖国大好河山,感受不一样的人文风俗的同时也想向周围人传递自身的价值观。(促销社交情境叙述:表现情境)
A59	我喜欢逛博物馆,喜欢用镜头记录下来,我在历史文物中穿行,感受祖国深厚的文化底蕴。(促销社交情境叙述:表现情境)
A62	我更喜欢一个人独自出行,用文字和图片记录我的脚印。(促销社交情境叙述:表现情境)
A67	我通常会记录自己旅游的经历,记录旅游目的地的历史故事、人文景观,以及我的体会。(促销社交情境叙述:表现情境)
A99	我喜欢把我旅游的经历写成游记,它记录了我提升自我的心路历程。(促销社交情境叙述:表现情境)
A15	买东西很容易受别人影响,尤其是身边亲朋好友推荐时,很难不被影响。(群体规范)
A18	我每次买东西都喜欢向周围的人征求意见,一般大家都觉得不错的产品我才会购买(群体规范)
A23	很多购买都是根据身边朋友建议和推荐才买的,事实证明还是不错的。(群体规范)
A46	一起出游肯定不可能你想玩什么就玩什么,不想玩什么就不玩什么啊!肯定是要和朋友一起商量,一起决定下一步的旅游计划,要订购哪些旅游产品。(群体规范)
A47	我经常看到别人在买什么自己就想跟风去购买,有些东西并不适合自己,有时就会很浪费。(群体规范)
A58	我都为的亲戚朋友都在使用的产品我也会去购买,因为大家觉得不错的产品一般不会踩雷(群体规范)
A59	在小红书上做攻略时,发现有些博主都是在为产品打广告,可信度不太高,我一般咨询周围亲近的人(群体规范)
A62	有时为了图方便,就直接询问的周围的朋友使用的什么产品,自己做攻略很麻烦,直接询问比较省事(群体规范)
A67	有时候不想消费的,但是看着朋友们都在购买,自己心理也非常想买,就下单购买了(群体规范)

续表

编码	文本内容
A70	我这个人最受不了别人给我安利产品了，我一般都控制不住自己就疯狂买买买，钱包一会儿就空了（群体规范）
A82	一般比较热门的博主推荐产品我在看完产品评论后都会产生购买的冲动。（群体规范）
A83	我是一个特别没有主见的人，所以每次买东西都会依赖于别人的看法，然后再决定买不买（群体规范）
A85	我选择困难症很严重，很难做决定，现在都是询问周围的好朋友的意见，然后决定买不买（群体规范）
A89	如果朋友们都在消费一种产品，那么我也会抄作业，直接无脑冲！（群体规范）
A99	我很喜欢与我的好朋友们分享我所购买到的好物，他们也会给我推荐一些好用的产品（群体规范）
A18	订酒店门票并不是我一个人能决定的，跟朋友出去游玩，别人买了你肯定是要买的。（群体规范）
A23	出去旅游都是和家人、朋友一起，大家都希望能同步进行一些活动，所以购买产品时也都会一起购买（群体规范）
A26	每次出去旅游，大家都是商量着来，购买产品之类的都是一起的，有时还会享受优惠（群体规范）
A38	我一般都跟同行的朋友购买一样的产品，大家购买商品都比较同步（群体规范）
A51	每次出去旅游大家都是均摊的门票费、酒店费用、车费、还有吃饭的费用，大家行动一致（群体规范）
A53	我们每次订酒店、车票、景区门票的时候大家都要商量着购买（群体规范）
A62	我们喜欢一起购买景区的某些特色产品，我们人多，购买量很大（群体规范）
A16	我选择旅游产品更多是为了拍照发朋友圈，对我来说能够出片的旅游产品更合我心意。（自我展示）
A19	我不喜欢和网络上的人一样去一个地方就拍一个毫无差别的照片，我更喜欢去比较有新意的地方，拍别人没拍过的照片。（自我展示）

编码	文本内容
A20	一起出游就是要一起拍照发朋友圈，收获众人的点赞。（自我展示）
A31	正在努力学习拍照技术，准备出游拍美美的照片，用来发抖音。（自我展示）
A40	青春就是需要记录下来，用我旅游过的每个城市作为地标展示我的青春。（自我展示）
A42	选择风景秀丽的地方不仅能放松身心，解放双眼，还能和朋友一起体会不同地方的自然风光，主要还可以一起拍照留念，发个抖音记录一下生活，留下属于我们这个阶段的回忆（自我展示）
A47	拍照！拍照！出来玩最主要的目的就是拍照，拍美美的照片，然后发朋友圈。（自我展示）
A52	和朋友出游，一起拍风景拍生活是最开心的事，这些照片还能做一个抖音，收获点赞。（自我展示）
A63	我把每一个地方出游的照片全部整理出来，分别做成一个视频在各个平台上发出来，给大家提供出游的参考，还能展示一下我和朋友的开心生活。（自我展示）
A88	有时候去的地方特别美丽，随便拍拍就很出片，这种神图放到朋友圈能收获非常多的赞。（自我展示）
A4	无意间在一个不出名的景点拍出了特别漂亮的照片，真的太高兴了，平时找约拍都不一定能拍到这样的照片，放到朋友圈没多久就有人开始赞美和询问了。（自我展示）
A10	我每次都会在旅行前购买一些好看的裙子，以便在旅行时拍出好看的图片，然后美美地发朋友圈（自我展示）
A18	我出去旅游的目的主要是想拍一些美丽的风景照片，记录一下青春时光（自我展示）
A22	我每次选择的旅游景区都是风景优美的地方，这样拍出来的照片就会很美观（自我展示）
A40	我每次在旅游时都会拍很多好看的照片，方便也给周围的朋友推荐好玩的景点（自我展示）
A51	我每次发朋友圈都会精挑细选一些美丽的景观图，方便给大家留下美好的印象（自我展示）
A53	我每次去旅游景点前都会带上我新买的摄像机，用它拍出来的照片很好看（自我展示）

续表

编码	文本内容
A66	每次都会和我很会拍照的朋友一起出去旅游，他特别会拍拍照，拍出来特好看！（自我展示）
A71	我自己也在苦练拍照技术，方便以后出去游玩时能拍出一些惊艳的照片，获得愉快的旅游体验（自我展示）
A93	我喜欢拍照，决定去哪之后都会按照当地风景特色购买相应的道具，更好的映衬我的形象，拍出美美的照片就好。（自我展示）

后　记

　　本研究受四川省科技厅软科学研究计划项目"四川省在线旅游产品退订政策研究"（2015ZR0158）；西南石油大学人文社会科学专项基金培育项目（2022-2023RW021）；能源安全与低碳发展重点实验室资助。感谢项目团队成员曹戌芬、蒋昊原、杜燕、辜穗的辛勤付出！感谢张馨予老师精心编辑！